HENRY & ADRIANA PABÓN
LUIS & SANDY LÓPEZ
WILLY & ARELY GÓMEZ

TU MINISTERIO DE NIÑOS PUEDE < CRECER

TU MINISTERIO DE NIÑOS PUEDE CRECER

e625 - 2019

Dallas, Texas

e625 ©2019 por Henry y Adriana Pabón, Luis y Sandy López y Willy y Arely Gómez

Todas las citas Bíblicas son de la Nueva Biblia Viva (NBV) a menos que se indique lo contrario.

Editado por: **Virginia Bonino de Altare**

Diseño interior y adaptación de portada: **Bárbara Soriano**

ISBN: 978-1-946707-24-6

IMPRESO EN ESTADOS UNIDOS

ÍNDICE <

PRÓLOGO ‹

Urgente. Crucial. Vital. Son palabras imposibles de evitar al hablar del ministerio con la niñez. Pocos ministerios, si es que hay alguno, juegan un papel tan estratégico en la vida de cada iglesia y por eso me entusiasma tanto que tengas este libro en tus manos. La verdad conclusiva es la siguiente: *Si el ministerio de niños de tu iglesia no es lo suficientemente fuerte y sano hoy, las posibilidades de que tu iglesia pueda sobrevivir a los próximos años se reducen exponencialmente y lo que es peor, las posibilidades de que esos niños naveguen una buena adolescencia y juventud se reducen también.* Sí. Sin discusión, porque aun si tu iglesia hoy está llena de jóvenes, esos jóvenes pronto se casarán y tendrán hijos y si sus hijos no están bien atendidos las posibilidades de que los pierdas a ellos y a sus padres (incluso a los que fueron de los jóvenes más comprometidos de la congregación), se multiplicará de manera exorbitante. La historia reciente de la iglesia lo comprueba y da testimonio de que un ministerio de niños débil hoy, equivale a una iglesia débil en unos años.

Es antipático contarlo pero es bueno que lo sepas: hoy hay muchas congregaciones en Europa, los Estados Unidos y hasta Asia, que alguna vez fueron mega iglesias y que hoy están vendiendo sus templos porque, aunque fueron exitosas con una generación, no supieron serlo con la siguiente y debido a eso desperdiciaron el futuro brillante que tenían porque como siempre les recuerdo a todos: *la Iglesia siempre está a una generación de morir ya que Dios siempre tiene hijos pero nunca ha tenido un nieto.*

Lo que todo esto quiere decir es simple y poderoso y es que el ministerio de niños es hoy y siempre debe ser una prioridad para todos, no solo para los que están involucrados directamente en las actividades de niños del fin de semana. Sin embargo, claro, siempre alguien debe contagiar esa misión y visión y tomar la delantera para todos y ese es tu rol y por esa razón es que creo que esta es una herramienta importantísima.

Este libro fue escrito nada menos que por tres parejas de veteranos de distintos países con un montón de experiencias acumuladas en distintos contextos. Ya solo por eso este libro es distinto a cualquier otro, diferenciándose de los que te cuentan una sola experiencia en una sola ciudad. Henry y

Adriana, Luis y Sandy y Willy y Arely te comparten en estas páginas gemas preciosas de principios fundamentados en la Biblia y en la práctica para la multiplicación orgánica de tu ministerio de niños. El motor de estas ideas no es que solamente mejores tu programa a corto plazo sino que incrementes tu capacidad de liderar a tu equipo y los equipes y potencies para que sean más y mejores los involucrados en esta tarea tan urgente, crucial y vital de la iglesia…. Y sí, ahí tienes de nuevo estas tres palabras. Te las digo porque así califico a tu ministerio, y así también es este libro.

Que Dios te sorprenda con su gracia al leer estas páginas.

DR. LUCAS LEYS

Fundador de e625.com

INTRO ‹

El libro que tienes en tus manos es una invitación a un viaje que cambiará tu vida y tu manera de hacer el ministerio.

John Maxwell definió el éxito de la siguiente manera: *"El éxito no es un destino, es un viaje"*. Con eso en mente queremos proponerte que veas el ministerio de niños no como un punto a llegar, sino como un recorrido increíble y desafiante.

Los que han visto el valor de este ministerio reconocen lo significativo que es para Dios dar continuidad a su Reino generación tras generación. La portada de nuestro libro te invita a subir a este autobús y viajar con nosotros para poder reunir todas las herramientas, ideas, sueños, estrategias y desafíos que queremos compartir contigo, que quieres ver el Reino de los cielos establecido en miles de niños, sus familias y, claro que sí, los hijos de estos niños que crecerán y continuarán el legado que plantaste.

A lo largo de todo el tiempo que dediques a leer este libro, te darás cuenta de que vale la pena vivir la vida para servirle a Él. Nada en la vida es como eso. Imagina presentarte ante el Dios que lo dio todo por ti, convencido de que dejaste una herencia de eternidad imborrable en la vida de tantos niños y familias a los que tu Salvador te permitió impactar. La eternidad confirma lo valioso que es el servir a los niños.

Las tres parejas autoras de este manual hemos hecho iglesia durante varios años bajo la autoridad de nuestros respectivos pastores principales, eso nos permite hablarte de principios ministeriales tan importantes como la sujeción, el respeto por la autoridad espiritual, el amor por la obra, los silencios y las pruebas del ministerio y el gozo de ver generaciones crecer en la casa de Dios, plantados y dando fruto.

Escribimos para que veas crecer ese ministerio que Dios te entregó. Servimos para que más niños y sus familias conozcan a su Salvador, tengan una relación personal con Él y maduren en todas las áreas de sus vidas. Si ese también es tu sueño, entonces levanta tus brazos y di al cielo: "¡Yo sé que el ministerio que pones en mis manos va a crecer!".

Este es el mapa de este viaje:

SECCIÓN 1: UN VIAJE INCREÍBLE

Toda obra en la tierra primero se desata en el cielo. Plantearemos las prioridades del viaje y las actitudes que te llevarán lejos. El crecimiento que más
importa y las razones del viaje. Compartiremos nuestras historias sólo con
el ánimo de poder mostrarte a un Dios que nos llama desde donde menos
lo imaginamos para servir entre los niños.

SECCIÓN 2: ¡A EMPACAR SE DIJO!

Descubriremos lo que necesitamos antes de iniciar el viaje. Veremos el
poder de la palabra "planeación" y la forma en la que Jesús mismo nos llama
a creer que lograremos todo lo planeado y más. Te daremos herramientas
para soñar con ese ministerio que Dios te entrega, para no dejarlo en el
aire sino para poder verlo en acción. También te contaremos acerca de esas
personas fundamentales que te deben rodear para hacer del ministerio el
mejor de los viajes.

SECCIÓN 3: INSTRUCCIONES PARA UN VIAJE SEGURO

Todo vehículo debe tener un kit de primeros auxilios; en el ministerio esto
es el cuidado pastoral que brindamos. La buena comunicación con los voluntarios y padres de familia es básica para un ministerio saludable, ya que
necesitamos viajar con los papás abordo. También consideraremos el man-
tenimiento antes de iniciar el viaje y finalmente las partes indispensables del
vehículo, aquellas sin las cuales no podremos movilizarnos y que debemos
cuidar constantemente.

SECCIÓN 4: HOUSTON, ¡TENEMOS PROBLEMAS!

Habrá problemas inevitables en el camino y veremos en qué necesitamos
poner nuestra atención para evitar que el vehículo se desvíe de la ruta que
nos llevará al destino planeado. También consideraremos los peajes, cuando
bajamos a alguien del autobús o cuando alguien abandona el viaje, la preparación de otro conductor, la base del liderazgo generacional y finalmente,
cómo prever los desafíos en el camino.

SECCIÓN 5: ¡LLEGAMOS! ¿Y AHORA QUÉ HACEMOS?

No hay mayor satisfacción que la de llegar al destino que nos propusimos desde el principio. Superamos obstáculos, pagamos el precio de muchas cosas, pero al final de todo el esfuerzo, ¡hemos llegado! Llegamos y nos alegramos; celebramos la victoria con todos los que nos acompañaron en el viaje.

Pero aún hay más, ese fue el primer nivel de muchos niveles de fe y de desarrollo en el crecimiento espiritual de todos, ya que este viaje continúa de gloria en gloria y de victoria en victoria hasta que Cristo venga por nosotros.

A medida que leas cada página nos encantaría poder viajar a la par contigo. Por eso, al final de cada sección incluimos un apartado que hemos llamado: "Los baches del camino". Es un espacio donde compartiremos experiencias que nos han hecho crecer en este viaje ministerial. A través de ellas queremos hacer notar que todos pasamos por momentos difíciles ya que nuestro carácter sólo es formado a través de éstos y terminaremos con algunas preguntas para reflexionar y para poner en práctica lo que hemos hablado en cada sección.

Finalmente, en cada capítulo de este libro te referiremos a recursos que están disponibles en línea y que puedes usar en tu ministerio o adaptar a tu propio contexto.

Creemos que una vez que comiences este viaje el llamado ministerial que Dios te hizo va a crecer hasta un nuevo nivel y tu manera de servir a las nuevas generaciones será transformada. Oramos para que tú y tu iglesia sean llevados a niveles sorprendentes para honrar al Padre y levantar a los niños.

Así que empaca tu maleta y prepárate para la aventura y el viaje extraordinario que llamamos "Ministerio de Niños".

>SECCIÓN<

UN VIAJE INCREÍBLE

**"EN AQUELLOS DÍAS SE FUE JESÚS A LA MONTAÑA
Y PASÓ TODA LA NOCHE ORANDO A DIOS".**
LUCAS 6:12

El Señor Jesús, antes de escoger a sus doce discípulos e iniciar su ministerio en la tierra, dedicó *toda* la noche a orar al Padre. Vemos también en Lucas 5:16 que Jesús se apartaba con frecuencia para orar. Jesús durante todo su ministerio siempre se apartó para orar.

De manera que, estimado compañero de viaje, para disfrutar este recorrido queremos invitarte a imitar a Jesús. No existe un viaje exitoso, ni un ministerio saludable alejado de la oración. Si hemos de iniciar este viaje, hagámoslo bien: orando.

"Dios, tú eres el dueño de tu iglesia y yo estoy aquí para servirte. Quiero hacer este viaje a los deseos de tu corazón tomado de tu mano. Te entrego el sueño de servirte y te doy gracias porque, así como Jesús no se cansó de orar, sé que hoy escuchas mi oración en el cielo y me preparas para la buena obra. Yo quiero bajar del cielo el llamado que has puesto sobre mi vida. En tu nombre, amén".

CAPÍTULO 1

BAJA ESTE VIAJE DEL CIELO

Hay un Dios en el cielo buscando personas en la tierra que sigan el ejemplo de Jesús (Ezequiel 22:30). Toda obra en la tierra primero se desata en el cielo. Eso quiere decir que, para ver un ministerio poderoso, próspero y de influencia en la tierra, que de verdad cumpla el propósito de la Gran Comisión, se necesita un líder arriesgado que haga continuamente oraciones audaces. No hay ministerio sin oración. No hay iglesia sin oración.

La oración es la llave que Jesús mismo nos entregó y nos modeló como ejemplo de vida para todo lo que hagamos en la tierra. No podemos entonces permitir que leas este libro sin darte la esencia en el arranque. Ora por lo que viene, ora por lo que tienes, ora por lo que te falta. Ora y encuentra las respuestas prácticas para hacer de tu ministerio el sueño de Dios en la tierra.

La oración tiene un efecto muy poderoso: nos ubica, hace de Dios el protagonista, hace de Dios el autor y abre nuestros oídos para encontrar la ruta y cada una de las estrategias que necesitamos. Al leer este libro, ora. Pide que Dios haga de cada idea, una dirección clara para tu ministerio. Muchos viajes hubieran sido más divertidos, poderosos y especiales si antes de salir hubiéramos estudiado el mapa del lugar donde vamos a ir. La oración es ese tiempo quieto en el que Dios mismo te enseña el mapa, te da la mejor ruta para seguir y te impulsa a hacerlo.

El punto es que nuestra oración necesita ser activa. La oración no es un monólogo o una lista de "necesito…". La oración es un tiempo especial de encuentro con Dios en el que abres el corazón y con atención tomas nota de lo que Dios te muestra.

Esto nos ocurrió un día (habla Henry). Teníamos un espacio grande al que llegaban y se reunían niños de todas las edades. Eso no era sabio ni nos estaba dando buen resultado. Recuerdo que, con ello en mente, me encerré a orar y le conté a Jesús la necesidad de tener espacios más pequeños para segmentar a los niños por edades y no tenerlos en un mismo gran salón.

LA ORACIÓN ES LA LLAVE. ORA Y ENCUENTRA LAS RESPUESTAS PRÁCTICAS PARA HACER DE TU MINISTERIO EL SUEÑO DE DIOS EN LA TIERRA.

Muchos queremos más espacio, ¿verdad? Esperamos que Dios nos dé más salones y más profesores. Ese día Dios oyó mi oración y Él mismo respondió. Mientras oraba, vi cómo todos los niños entraban a ese único gran salón que teníamos. Sin embargo, los maestros tenían camisas de colores diferentes. Había algunos de camisa de color verde que recibían a los más pequeños y los conducían a una zona donde el piso estaba pintado de color verde. Había otros maestros de camisas de color amarillo que recibían a los intermedios y los llevaban a una zona amarilla en el mismo auditorio. Finalmente, vi maestros de camisas de color rojo que llevaban a los niños preadolescentes a una zona de piso rojo.

Con mis ojos cerrados orando, entendí que no necesitaba otros salones, sino que necesitaba colores para organizar lo que Dios ya me había dado. En un mismo auditorio, los podía reunir a todos y organizarlos con un código muy divertido y fácil de entender para los niños: "ubica el color de tu edad y ve a la zona de ese color". Esa idea nació en un momento de oración. La oración organiza tu vida, la alinea con el plan de Dios y hace lo mismo con tu ministerio. No te canses de orar porque Dios no se cansa de oír y responder. ¿Estás dispuesto a recibir la respuesta que él te quiere dar?

EL FRUTO DE ORAR ES CRECER. ¡TU MINISTERIO DE NIÑOS VA A CRECER!

¡No lo dudes, claro que sí! Tu ministerio de niños puede crecer y ¡va a crecer! Pero empecemos definiendo algo muy importante. ¿Qué es crecer? La palabra *crecimiento* implica desarrollo, aumento, subir, progresar. Todo apunta a ir más allá. Pues vamos a ir más allá en nuestro servicio a Dios y vamos a descubrir nuestro ministerio en dos áreas en las que Dios quiere que crezcamos:

1. En lo interno.
2. En lo externo.

Analicémoslo así: ¿alguna vez en alguno de tus viajes has detenido la mirada en un árbol? Piensa en un gran árbol en medio del camino. Es fácil ver su altura, el verde de sus hojas, buscar su fruto y tratar de definir qué tipo de árbol es, pero pocas veces nos detenemos a pensar en las raíces que lo sostienen. Un árbol no es solamente lo que vemos. Bajo tierra se encuentra algo muy importante, nada menos que su fuente de alimento: la raíz. Eso mismo ocurre con nosotros. Nuestro crecimiento interno son las raíces (los principios y fundamentos que nos alimentan) y el externo es lo que ves del árbol (cantidad de niños, impacto, lugar físico, recursos, servidores, etc.). El crecimiento externo es simplemente una consecuencia del crecimiento y la sanidad que tienen las raíces.

NO CAIGAS EN EL ERROR DE COMPARAR TU MINISTERIO CON EL DE OTRAS PERSONAS O IGLESIAS. DIOS LE DA A CADA PERSONA LO QUE NECESITA PARA HACER AQUELLO PARA LO QUE FUE DISEÑADA.

Muchas personas se frustran en su llamado ministerial porque en sus viajes solamente se detienen a observar lo grande y hermoso que se ven los árboles de otros (lo grande que es la iglesia de este pastor, lo colorido y dinámico que se ve el ministerio de niños de esta otra iglesia, lo hermoso que canta esta persona) sin mirar el gran trabajo que Dios está haciendo en las raíces de sus propias vidas. El fruto vendrá como consecuencia de tu disposición para ver a Dios trabajar a diario en tus raíces. El fruto en tu ministerio será la consecuencia directa del trabajo fiel que le permitas hacer a Dios en lo más profundo de tu vida y tu llamado.

Jesús cuando enseña en Mateo 6:6: *"Mas tú, cuando ores, entra en tu aposento, y cerrada la puerta, ora a tu Padre que está en secreto"; y tu Padre que ve en lo secreto te recompensará en público".* (RVR60)

Volvamos al fundamento de la oración. Jesús nos está enseñando acerca de lo poderoso que es lo que ocurre en secreto cuando oras. Así como las raíces no están expuestas, tu vida de oración no es algo que esté expuesto a todo el mundo, pero en el largo plazo es lo único que te mantiene. La oración en secreto es un asunto entre el creador del cielo y la tierra y aquel que le busca de corazón; y el que lo busca ¡lo encuentra!

No caigas entonces en el error de comparar tu ministerio con el de otras personas o iglesias. Dios le da a cada persona lo que necesita para hacer aquello para lo que fue diseñada. Simplemente permite que en tu oración, tu ministerio sea fortalecido directamente por Dios.

Entra a tu cuarto, toma un lápiz y una hoja (o una tablet, celular, servilleta o cualquier cosa en donde puedas anotar) y permite que Dios en el secreto te muestre cómo alimentar y cuidar las raíces. Sal de ese cuarto y haz la tarea fielmente. Vuelve a entrar al día siguiente y recibe una vez más el dictado de Dios. Este viaje sólo es posible cuando Dios es el que trabaja en lo más profundo de tu corazón mientras permaneces de rodillas permitiéndole obrar.

Ora con inteligencia, ora rindiendo tus planes, ora pidiendo que te rodee de las personas correctas, ora pidiendo que añada obreros al ministerio, ora para que más niños vengan, ora para tener gracia con ellos, ora para tener gracia con los papás, ora para que el corazón de los padres se vuelva al corazón de los hijos y el de los hijos al de los padres (Malaquías 4:6), ora por recursos nuevos, ora pidiendo protección espiritual para los niños, ¡ora!

¿Qué otros fundamentos debes establecer? A una vida diaria de oración, suma el poder de la Palabra de Dios. Haz de la Biblia el fundamento; haz del amor por la Biblia la pasión que inunde a los niños y los marque para siempre. ¿Cómo? Haz de la Biblia tu pasión. Permite que los profesores que enseñen a los niños amen la Biblia y ayúdalos a usarla sabiamente. Detente y piensa en este versículo:

> *"La Escritura entera es inspirada por Dios y es útil para enseñarnos, para reprendernos, para corregirnos y para indicarnos cómo llevar una vida justa". 2 Timoteo 3:16*

La Biblia entera es lo que los niños de esta generación necesitan. No diluyas el mensaje pensando que los niños sólo necesitan oír sus historias divertidas. Hay toda una revelación en la raíz de tu ministerio que va a hacer que los niños se levanten como árboles firmes en Dios y no simplemente como niños entretenidos en una iglesia, y esa revelación no es otra que la Biblia.

La Biblia el mejor plan de estudios o currículo de enseñanza. No te desgastes en la iglesia con clases de valores, de comportamiento, de urbanidad o pintando hojitas. Estas raíces van a formar árboles enclenques, débiles y fáciles de arrastrar por el viento. Un gran árbol es el resultado de mucha Biblia sembrada en la raíz. Más adelante te plantearemos una guía para tomar la Biblia y hacerla un currículo para niños.

A tu vida de oración y pasión por la Biblia añade adoración y honra a Dios para ver el fruto en el ministerio. La generación posmoderna que define a los niños y jóvenes de este inicio de siglo, se caracteriza por ser una generación que se adora a sí misma, que está llena de verdades relativas y que carece del principio de la honra hacia la autoridad. La adoración corrige ese culto a uno mismo y nos permite recordar la altura, soberanía y poder de Dios.

Determina momentos para adorar junto con los niños. Enséñales a adorar, a honrar, a respetar a Dios por medio de tiempos de búsqueda de él. Pero por favor, ¡ten en cuenta que son *niños*! Que los momentos de adoración no sean eternos, inentendibles, densos o demasiado elevados porque no entenderán lo que está pasando. Ellos no necesitan una reunión de adultos sino un encuentro con Dios como niños.

Recuerdo el día en que una profesora vino con esta idea (Habla Henry): "Pastor, escuche esta canción, dice: *'Que tu sangre me cubra y redima mi vida del pecado'*. Me encantaría que la usemos con los niños en la iglesia". Yo la miré sin poder disimular mis ojos de terror y le sonreí. Le respondí algo así como: "Gracias por pensar en la adoración de los niños pero estamos buscando canciones con letras más claras para ellos". Al trabajar con niños piensa siempre en el equilibrio. No subestimes su espíritu pensando que son niños pero tampoco sobredimensiones la iglesia pensando que ellos se tienen que adaptar al mundo adulto. Llevarlos a adorar es llevarlos a entender lo grande que es Dios y lo mucho que lo necesitamos. Ten presente que eso definitivamente es trabajar para que tengan las raíces más profundas de sus vidas.

Hay un gran viaje esperándote por el cual vale la pena orar; el viaje sólo es posible con la Biblia como mapa y con la canción correcta en el corazón: una canción de adoración.

RECURSOS ADICIONALES EN WWW.E625.COM/LECCIONES/LECCIONES

2

CAPÍTULO

LOS DOS CRECIMIENTOS DE UN MINISTERIO

Cuando hablamos de los niños y de cómo lograr crecimiento podemos pensar que este crecimiento estará determinado por los recursos, la fuerza del equipo o el terreno en donde caerá la semilla (el corazón de los niños).

1 Corintios 3:6-9 dice que somos trabajadores de Dios… yo planto, otro riega, *pero* es *Dios* quien da el *crecimiento*.

Si es Dios quien da el crecimiento, ¿en dónde debo invertir mi mayor fuerza? En buscar a Dios, oír su voz y obedecer.

No se puede *forzar* el crecimiento por nuestros propios medios, maneras o estrategias. *pero* en algún momento veremos el crecimiento si trabajamos partiendo de tres primicias importantes:

1. Se trata de *mi* capacidad de seguir la *voz* del *Espíritu* (Zacarías 4:6). No es con espada ni con ejercito *sino* con su Santo Espíritu.

2. Se trata de cómo Dios ve a los niños. ¿Cómo los veo yo? (Mateo 18:4) Los que son como ellos son herederos del Reino.

3. Se trata de lo que Dios hará con lo que estemos dispuestos a *darle*: ¿Qué estamos dispuestos a *darle*? ¿Qué tenemos? (Juan 6:1-15) ¿Cuáles son nuestros *panes y peces*?

El crecimiento vendrá sin que nos demos cuenta, tal como pasa con los niños: de repente se estiran; no podemos ver cuándo pasa, pero pasa.

Recuerda: nuestra parte es sembrar, sembrar, sembrar y saber esperar.

Dios siempre se muestra a través de su creación, y casi que cada elemento nos podría dar un mensaje. Tan solo estudiando la naturaleza y los animales tenemos cientos de enseñanzas que el cielo nos envía. Por ejemplo, hoy aprenderemos el secreto del bambú japonés.

RECUERDA: NUESTRA PARTE ES SEMBRAR, SEMBRAR, SEMBRAR Y SABER ESPERAR.

¿Sabías que cuando plantan el bambú japonés el agricultor no ve nada por siete años? La semilla cae y el proceso de crecimiento se toma su tiempo de echar un complejo sistema de raíces que le permitirá soportar el crecimiento. Siete años echando raíces. El sembrador no ve nada de nada durante siete. ¿Puedes creerlo? Es el máximo ejemplo de lo que sucede cuando sembramos en las vidas de los niños: tenemos que desarrollar la paciencia de saber esperar y disfrutar este tiempo entendiendo el valor de lo que está sucediendo en secreto (yo planté, Apolos regó...).

Lo interesante del bambú japonés es que después de estos siete años, vienen seis semanas de ¡¡¡crecimiento extremo!!! Después de siete años de espera, en seis semanas saldrá de la tierra y crecerá treinta metros de altura. Increíble. Ahí en lo secreto Dios está trabajando. Recuerda que es Dios quien da el crecimiento, a su tiempo y a su manera. Si tienes fe y paciencia podrás heredar la promesa. (Hebreos 6:12).

¿Cómo sembrar para soportar el crecimiento?
Nuestra tarea es trabajar en el complejo sistema de raíces, tal como con bambú japonés.
Da todo lo que tienes, así como el niño que compartió sus panes y peces:

¿Cuáles serán tus cinco panes? Entrega con todo tu corazón tus cinco panes:

Planea (ver con visión).
Prende Motores (ver con Fe).
Planta (ver con propósito).
Proyecta (ver al cuerpo: padres- pastores-maestros). Modelo *Bici* que veremos en el capítulo 4).
Persevera (ver con fidelidad).

Vamos a hablar sobre dos tipos de crecimiento que, como hermanos gemelos, deben ir de la mano: crecimiento Transaccional y Transformacional.

TRANSACCIONAL

Son todos los procesos y estructuras organizacionales en los que debemos trabajar para un crecimiento saludable y sólido. Para ello, hay tres factores clave:

1. VISIÓN:

Rumbo claro y definido (dirección, sueño, metas).
"Donde no hay visión el pueblo se extravía". (Proverbios. 29:18)
"Escribe la visión haz que resalte claramente... para que pueda leerse".
(Habacuc2:2 NVI)

2. ORGANIZACIÓN:

Equipo (Éxodo18:21-22). Gente capaz, obediente a Dios que hará que tu trabajo sea más fácil. 2 Timoteo. 2:2: esto encarga a hombres fieles, a gente de confianza que sean idóneos...
Estructura: Cuerpo (Pastor-Coordinador-Líder-Maestro-Teens-Niños)
Mando- sujeción- comunicación-discipulado
Procesos: Personal – Administrativos – Legales.

3. COMUNICACIÓN:

Gran parte del éxito del trabajo lo determina la comunicación
en dos direcciones:
Vertical: hacia Dios, el pastor y las autoridades.
Horizontal: hacia tu equipo, los padres y los niños.
Comunica la visión continuamente.
Establece canales de comunicación claros.
Informar no es igual a comunicar. Comunicar implica dos vías.
Establece *puentes* no *muros.*

TRANSFORMACIONAL

Este es el crecimiento que involucra todo lo que hacemos para llegar al corazón de los voluntarios, padres y principalmente de los niños, con la meta de traer cambios y un crecimiento desde adentro hacia afuera.

Esta es nuestra verdadera misión: todo lo haremos para transformar el corazón de niños, del equipo y de los padres.

"Ten por norma las sanas verdades que te enseñé, especialmente las concernientes al amor y a la fe en Cristo. Guarda bien la preciosa enseñanza que Dios te dio, mediante el Espíritu Santo que mora en nosotros".
2 Timoteo 1:13-14

ESTA ES NUESTRA VERDADERA MISIÓN: TODO LO HAREMOS PARA TRANSFORMAR EL CORAZÓN DE NIÑOS, DEL EQUIPO Y DE LOS PADRES.

Somos y hacemos discípulos. Debemos ayudar a cada generación a volver a poner su esperanza en Dios, a que no olviden sus gloriosos milagros, sino que obedezcan sus mandamientos. *Salmo 78:12-7*

Para llegar al corazón de los niños y lograr verlos crecer no solo en estatura y en número es necesario invertir en el buen alimento que servimos semanalmente:

1. **Servimos mesas**. Enseñanza efectiva y creativa "palabra sazonada". No servimos entretenimiento, servimos lo que tenemos: poder de Dios. (Hch.3:6)

2. **Discipulamos líderes fieles e idóneos para enseñar a otros.** Educamos a los *padres* en el trabajo (pedaleamos juntos como una bicicleta de la que te hablaremos más adelante).

3. **Instruimos a los niños**: ponemos en su corazón 2 Timoteo 1:13.

4. **Nos enfocamos hacia afuera**. Enfocarnos solo hacia adentro elimina el potencial de crecimiento y trae letargo spiritual esto significa que el alimento debe incluir la misión de *ir*, no solo servimos alimento para que se sientan bien, sino para que los desafíen a cumplir la gran misión de *ir* y hacer discípulos a las naciones.

5. **Pasamos la "estafeta" a la generación que nos sigue de cerca.** (niños y jóvenes) entendiendo que ellos no están solo para recibir sino para dar y es nuestra responsabilidad no solo engordarlos de palabra sino hacerlos miembros útiles que continúen la obra que estamos haciendo.

Razones por las que vale la pena hacer este viaje

Las parejas autoras que escribimos este material tenemos entonces un gran desafío: vamos a convencerte de que te unas a este viaje. Queremos compartir contigo algunas razones lo suficientemente poderosas como para insistir en tu decisión de hacer este viaje y nunca querer bajarte del autobús.

1. Es bíblico. Actualmente hay una tendencia en ciertas iglesias a desprestigiar el trabajo con niños y adolescentes con argumentos como que la pastoral de los menores les corresponde a los papás o que la Biblia no se detiene a enseñar acerca del ministerio para los niños. Nada de eso es cierto. Jesús tuvo muchos niños alrededor de él (Mateo 18:2-5); Pablo fue instruido a los pies de Gamaliel (un gran pastor de niños que sembró en él la ley que luego Jesús transforma en revelación para la escritura de la doctrina cristiana en las epístolas). En la tradición judía la formación en la ley de los niños era esencial. Desde el momento en que Dios da la ley al pueblo, en Deuteronomio, se hace énfasis en la necesidad de dar instrucción a los niños y llevarla a los hijos de nuestros hijos. Nada más bíblico y poderoso que discipular a la siguiente generación.

2. Es la mejor tierra en la que puedes sembrar. Hemos sido testigos de la forma en que Dios usa poderosamente hoy en nuestra iglesia a los niños que algún día formamos en nuestra iglesia infantil. Los grandes cantantes, ministros, predicadores, maestros y profetas en nuestra iglesia local, hace doce o trece años estaban saliendo de nuestra iglesia infantil como niños graduados que Dios sabía que iba a usar poderosamente. Los niños que tú formas son el mejor campo semillero para la iglesia del futuro. Ellos tienen el ADN de tu enseñanza, y nunca están pensando en cambiar de iglesia buscando "mejores pastos" porque aprendieron a amar su casa desde pequeños.

3. Es el mejor campo evangelístico que existe. Los niños que son felices en sus iglesias van a invitar a sus amigos, vecinos, primos o compañeros de entrenamiento de fútbol: "Oye; te invito a un lugar muy especial, es mi iglesia. ¿Acaso, tú no vas a una iglesia los fines de semana? No sabes lo que te estás perdiendo. Es increíble". Luego viene esta frase: "¿Quieres venir? Te invito, dile a tus papás que te traigan". De repente tienes al amigo de este niño que obviamente convence a sus papás y se los trae. Por uno llegan, dos, tres o cuatro (con abuelitos, tíos, primos y vecinos incluidos sin son colombianos). Los niños son evangelistas puros.

Entonces, ¿vale la pena hacer este viaje? ¡Claro que vale la pena! Te damos más razones:

- Porque es la voluntad del Padre: Dejen que los niños vengan a mí, ¡no los detengan!, dice en Mateo 19:14. Quienes decidimos hacer este viaje, les ayudamos a los niños a acercarse a Dios.

- Porque el Reino de los cielos les pertenece. (Lucas 18:16)

- Porque Dios nos invita a ser como niños no como adultos, si es que queremos ver el Reino de Dios. Los adultos tenemos mucho que aprender de los niños, iniciar este viaje te permitirá sembrar, pero a la vez cosecharás lecciones de oro para tu propia vida.

Creemos firmemente en las razones que te acabamos de presentar; hemos sido testigos de la forma en la que Dios respalda el trabajo con niños y sabemos que es Él quien nos llama a este viaje.

Ahora es tu turno de encontrar tus razones para no detenerte en este camino. Piensa por un momento en las siguientes preguntas que necesitas responder en tu corazón antes de continuar:

1- ¿ESTOY DISPUESTO A DARLO TODO POR VER CRECER EL MINISTERIO?

En los procesos de Dios, en la mayoría de las ocasiones, primero debe suceder un *crecimiento interno*, en nuestro hombre interior, antes de poder ver un *crecimiento externo,* tangible, visible, en nuestro hombre exterior. Es el crecimiento interno que mencionamos al inicio de este capítulo.

A veces anhelamos el crecimiento pero no tenemos el carácter para manejarlo, o las habilidades de comunicación y de administración que el crecimiento demanda, entonces, el tope del crecimiento inicia con el liderazgo. Por lo tanto, es importante que un líder siempre esté en crecimiento y en contacto continuo con Dios

Un buen ejemplo de este punto se encuentra en 2 Samuel 2. Después de que murió Saúl, David reinó sólo en Judá durante siete años y medio… ¿no se suponía que iba a ser el rey de *todo* Israel? Personalmente pienso que esos siete años, el hombre con el corazón conforme a Dios aprendió otras habilidades de liderazgo que como rey era indispensable que tuviera "solventes y activas" antes de gobernar a toda la nación. Una vez que pasaron los siete años, el Señor le permitió ser rey de todo Israel. Nunca debemos menospreciar los inicios pequeños y los años de formación.

2- ¿PARA QUÉ QUIERO QUE CREZCA EL MINISTERIO?

Una vez que creamos un ritmo de comunión con Dios y de seguir su voz para el crecimiento, entonces estás listo para la segunda pregunta: ¿Para qué queremos que crezca? ¿Cuál es la verdadera razón por la que buscamos el crecimiento? ¿Viene de un corazón que quiere ser grande y famoso o de un corazón que desea discipular y cumplir la Gran Comisión?

Dios dará el crecimiento en la media que alineas tu visión, tu preparación y tu búsqueda de su presencia, porque sólo así manejaremos el crecimiento con las intenciones correctas y siguiendo el plan de Dios. Ahora bien, si hemos de hacer a alguien famoso, debe ser al Señor Jesucristo y a su obra redentora en la cruz del Calvario. No hay otra agenda, no hay otra prioridad. Tener claro esto en tu corazón, en tu mente y en tus intensiones, te ayudará a poder vencer las tentaciones de la fama y popularidad en que vive el mundo cristiano hoy en día.

3- ¿ESTOY SEGURO DE QUE DIOS DESEA QUE MI MINISTERIO CREZCA?

El Señor desea que crezca su obra, y siempre nos dará crecimiento. Tal vez al iniciar no lo veamos. Pero si somos fieles y lo buscamos y nos preparamos, vendrá un crecimiento al 30%.

Si permanecemos siendo fieles, no desmayamos, y le seguimos buscando y preparando, vendrá un crecimiento al 60%

Y si somos pacientes, leales, decididos y dedicados, le seguimos buscando y nos preparamos, vendrá un crecimiento al 100%.

Ahora bien, si estamos pidiendo crecimiento debemos entender que Dios nos va a enviar a ovejas sin pastor que necesitan de nuestro cuidado y discipulado. El crecimiento implica trabajo y paciencia.

El crecimiento es atractivo y llamativo. Pero debemos tener claro la razón para que, una vez que llega el crecimiento, podamos mantenernos, de otra manera abandonaremos el autobús lleno de gente.

No hay razón más poderosa que la voz de Dios confirmando tu viaje. Servir entre los niños es definitivamente un llamado que va más allá de razones en tu mente. Las respuestas a las preguntas que te acabamos de hacer van a ser confirmadas con tu testimonio de vida. Es allí donde frente a los niños, sus papás, tu equipo de servidores, la iglesia y Dios mismo, vas a poder decir con toda seguridad que tu vida se rindió ante el plan y que, así como Jesús pasó toda la noche orando para escoger a sus discípulos, hubo un momento en tu vida en el que esa oración de Jesús te conmovió en lo más

TU MINISTERIO DE NIÑOS PUEDE CRECER

profundo de tu espíritu y te llevo a dar ese paso al frente para responder: "Heme aquí Señor".

Piensa que, en medio del viaje, Dios pone sus ojos sobre ti. Él sabe la calidad de árbol que eres y quiere ir profundo en las raíces. Mientras más oración, más Biblia y más adoración lleves en este viaje, más vas a crecer. La buena noticia es esta: si tu oras, el efecto directo es que todos los niños que pastoreas aprenderán a orar. Si tu amas la Biblia, el fruto será niños inspirados por la Biblia; y si tu vida está dedicada a adorar a Dios, verás toda una generación adorar a tu lado. Tu crecimiento hace crecer a otros.

RECURSOS ADICIONALES EN WWW.E625.COM/LECCIONES

CAPÍTULO

3

ASÍ EMPEZÓ TODO: TRES HISTORIAS

Dios quiere escribir su historia contigo y por eso queremos compartirte un poco de la nuestra para que puedas notar la belleza de cómo Dios hace las cosas y por qué es tan maravilloso este viaje.

HENRY Y ADRIANA

(Habla Henry). ¿Cómo empezó este viaje para los Pabón? Oramos para que nuestra historia te pueda servir para tomar algunas herramientas útiles. Vamos a mis tres años de edad. Era un hermoso niño (¡ja!) muy responsable y atento. Mis padres y yo sufrimos un terrible accidente automovilístico que llevo a mi mamá a un hospital en donde le realizaron cinco cirugías de rodilla. En medio de diagnósticos muy dolorosos que implicaban la posible amputación de una pierna, alguien muy especial tocó a la puerta de su habitación en ese hospital y le presentó a Jesús como el Salvador y sanador de su vida. En esa clínica ella aceptó la verdad del evangelio y a partir de ese momento, nunca dejó de servir a Dios en la iglesia en la cual fue discipulada. A propósito, ¡fue sanada sobrenaturalmente y no le amputaron la pierna! ¡Gloria a Dios!

Desde los tres años asistí entonces a una iglesia y por algo que sencillamente, no puedo explicar, toda mi vida la dedique a servir en cuanto ministerio existía: alabanza, diezmos, enseñanza a adultos, cables, refrigerios, comités, jóvenes, creo que pasé por todos. Bueno; no todos: niños nunca. ¿Leíste? ¡Nunca!

Seamos más explícitos: "Jamás", ¡eso pensaba yo!

A propósito, nunca creas que tu viaje ministerial es el pretexto para cumplir tu ambición personal. Si le quieres servir, realmente te tienes que disponer para que tu viaje personal se convierta en el gran sueño de Dios. ¿Estás dispuesto a que Dios ponga su sueño en ti? ¿Estás dispuesto a cambios? Porque Dios está buscando personas que simplemente estén dispuestas. Yo no lo estaba: mi seguridad era servir en todo lo que era visible y tangible y los niños no eran parte de esa seguridad personal. Jamás pensé estudiar nada relacionado con educación, niños o pedagogía. Dios me permitió estudiar Finanzas y Relaciones Internacionales (nada que ver con niños) y luego hacer un instituto bíblico con la gran visión de servir a Dios en la enseñanza a adultos. Ese era mi viaje, pero Dios tenía otro plan.

NUNCA CREAS QUE TU VIAJE MINISTERIAL ES EL PRETEXTO PARA CUMPLIR TU AMBICIÓN PERSONAL.

Un día, el pastor principal de mi iglesia me pidió que entrara a un salón a apoyar con "unas personas" que necesitaban que pasara un tiempo con ellas. Claro que sí. Abrí la puerta del salón sin saber que en ese momento Dios iba a cambiar el rumbo de mi viaje. Cuando puse un pie adentro vi un terrible grupo de seres diminutos incontrolables que corrían de un lado a otro. "¡Niños!", exclamé asustado. "¿Me van a pedir que pase un tiempo con niños? Nunca lo he hecho; Dios sabe que los niños y yo no nos entendemos", eso creía. "¿Cómo se le ocurre al pastor ponerme a cuidar niños?". Algo ganó y simplemente los vi correr de un lado a otro del salón gastando toda la energía que Dios les dio.

Ese día descubrí muchas cosas. Por ejemplo, descubrí que los niños son energía pura. Al hacer este viaje tienes que estar dispuesto a correr, saltar, caer al piso, rodar, bailar, arrastrarte, untarte, comer mucho dulce y ser uno más entre ellos. En mi viaje lo primero que Dios quería hacer era sanar el niño que había dentro de mí y que yo silencié: recordé la vez que a los nueve años de edad, fui a mi cuarto y de rodillas en mi cama hice esta oración: "Dios, odio ser niño. ¡Quiero crecer ya! Esa tarde, rodeado de niños, fue el gran inicio del viaje de Dios para empezar a sanar el niño que yo fui.

Al verlos correr de un lado para otro incontrolables y sin detenerse, no tuve otra reacción que arrodillarme y hacer esta oración: "Dios, acá estamos. Yo te pido que tengamos un tiempo muy divertido y que nos ayudes a disfrutar tu iglesia. En el nombre de Jesús, amén". Cuando abrí los ojos, algo sorprendente ocurrió: todos los niños estaban arrodillados alrededor mío, con sus ojos cerrados y sus manos en señal de oración. ¡Habían respaldado mi oración! Cómo dijo Jesús: "Jamás he visto tanta fe". (Mateo 8:10).

Sin saber cómo, mis ojos fueron abiertos. Vi a los niños y entendí que ellos tienen fe, que necesitan ser guiados y que la casa de Dios es el mejor lugar del mundo para ellos. Salí de ese salón y desde ese momento no he parado de estar en la iglesia de niños.

A los meses, empecé a dirigir el ministerio de niños y dentro de mis funciones estaba el capacitar nuevos maestros. Una de las maestras que empecé a capacitar es hoy mi esposa: Adriana. Fue increíble la forma en la que Dios permitió que nuestros viajes se unieran.

El tiempo ha pasado y sé que lo que ha permitido que nuestro matrimonio permanezca es el hecho de compartir juntos este mismo propósito. Así se los explico a los adolescentes cuando me preguntan sobre noviazgo: Imagina que tú amas profundamente a los delfines rosados del Amazonas. Nadie los ama como tú. Lees sobre ellos, conoces qué comen, te preocupas por las amenazas que los persiguen y estás seguro de que vas a dedicar toda tu vida a cuidar y proteger a los delfines rosados. De repente, un día conoces a alguien que en medio de una conversación casual te dice: "¿Sabes que mi gran sueño es poder viajar al Amazonas a cuidar los delfines rosados?". Y tú dices: "¿Qué? ¡No puede ser! ¿Te gustan los delfines rosados?". "Sí, amo a los delfines rosados. Se están muriendo y yo voy a hacer algo para evitarlo". En ese momento descubres que no estás sólo en tu viaje y que Dios ha revelado ese propósito de vida en otra persona con la cual puedes compartir tu vida.

Uso esta metáfora con los adolescentes para enseñarles que antes que Dios traiga a sus vidas a la persona indicada, primero los va a convertir a ellos en la persona que deben ser. Sin visión el pueblo se desenfrena (Proverbios 29:18). Primero encuentra tu propósito en Dios y luego deja que él traerá a la persona indicada para ayudar a cumplirlo.

El ministerio de niños es un viaje que realmente se convierte en un gran propósito, y es tan especial para Dios, que él te quiere rodear con los mejores para cumplir ese sueño. Así conocí a mi esposa y desde ahí; no hemos dejado de servir con niños cada domingo durante dieciocho años.

Al igual que yo, ella no estudió pedagogía, ni educación. Su visión fue ser Ingeniera Química (todo que ver con niños ¿no?) y lo logró. Ella estudió eso con el siguiente argumento en su mente: "Ya hay muchos profesores en el mundo; lo que hay en mí es un gran cerebro de científica química". Creo que

Dios se río en el cielo y aun cuando le permitió terminar su carrera y ejercerla por un tiempo, en su momento él, dio el timonazo a su viaje y la llamó a su verdadera esencia: enseñar y abrazar niños para la eternidad.

No menosprecies nunca el trabajo con niños. Nuestras carreras profesionales fueron parte del equipaje que Dios tenía para nosotros. Él usó las finanzas y la ingeniería para poder armar la parte administrativa del ministerio. El todo lo usa para bien. Erróneamente podemos creer que los niños son solamente distracción y entretenimiento, pero no es así. Ellos merecen iglesias que les permitan un encuentro con el Salvador, que les den visión de vida y que estén organizadas para sus necesidades. Un ministerio de niños necesita personas administrativas, conocedoras de procesos, de presupuestos, de pedagogía, de pastoral, pero, sobre todo, personas dispuestas. Todos los dones son bienvenidos en la iglesia infantil.

¿Vale la pena hacer este viaje? ¡Sí, vale la pena! Es un viaje en donde tu aprendes, ellos son inspirados a seguir a Jesús y Dios mismo es el que pone sus ojos y cuida. Es el mejor viaje que mi esposa y yo hemos hecho y que oramos para que nunca lo dejemos de hacer.

WILLY Y ARELY

(Habla Willy) Cuando pensamos en las personas encargadas del área de niños de una iglesia generalmente pensamos en la hermana que es docente y sabe enseñar, sin darnos cuenta de que tal vez esté agobiada de trabajar con niños toda la semana en la escuela. Otro perfil que viene a la mente es el de la esposa del pastor, casi como si fuera la función de una primera dama presidencial, o el de la hermanita que puede hacer títeres para enseñar a los chicos. ¡Bueno! Ninguna de esas opciones éramos mi esposa Arely y yo cuando decidimos tomar el área de niños de la Iglesia Vida Real en la ciudad de Guatemala. Nuestra historia, por el contrario, se parece a la del jugador sentado en la banca durante un partido y que es escogido por el entrenador cuando se percata de que su jugador estrella se ha lesionado.

Recién estábamos integrándonos al equipo pastoral de la iglesia, la cual tenía apenas dos años de haberse formado. Había empezado con unas veinte personas reunidas en el salón de un hotel. Era una obra visionaria comandada por mi buen amigo Rony Madrid en la Ciudad de Guatemala, cuya historia personal es aún más emocionante y llena del testimonio del poder de Dios ante la obediencia de sus siervos.

En el momento en que nos incorporamos al equipo la iglesia ya tenía unos trescientos miembros y gozaba de una pasión muy fuerte en todas sus áreas (hoy es una congregación multipunto de más de quince mil miembros). El área de niños había quedado sin líder ya que quien la lideraba había sufrido la inclemencia del cansancio y el desgaste físico generado por tres años de un trabajo domingo a domingo, dando su mejor esfuerzo y haciendo con excelencia su parte. Entonces en una reunión el pastor nos preguntó si podíamos colaborar… ¡ayudando a tomar el área de niños de la iglesia! Nuestra única experiencia o carta de presentación era la de ser papás de tres hijos que para esa época tenían ocho años (Diego), tres años (Elizabeth) y dos meses (Javier).

Siempre hemos querido servir al Señor con mi familia y, aunque nos asustó mucho, mi respuesta al pastor después de hablar mucho con mi esposa fue: *"¡Queremos aceptar esta responsabilidad porque sabemos que no podemos!".* Al saber que había muchas variables que nos impedían desempeñar la función, nos dimos cuenta de que íbamos a poder hacerla funcionar solo si no la desarrollábamos dependiendo de nosotros sino, por el contrario, dependiendo de Dios y de las personas que podíamos sumar al equipo.

En esos días mi vida era muy complicada y tenía muy poco tiempo disponible: era parte del equipo que estaba por iniciar el enorme proyecto de crear una universidad (la Universidad San Pablo en Guatemala); tenía una empresa que atender y estábamos empezando una nueva. Mi hijo Javier acababa de nacer y los que tienen más de dos hijos saben que la vida cambia radicalmente cuando se pasa de dos a tres hijos: es una vida bastante loca, especialmente en el momento de empezar el ritual de bañarlos, darles de comer y acostarlos.

Me gusta contar siempre este contexto porque a veces creemos que el líder de niños es una persona apasionada por los chicos con grandes habilidades para el teatro, la comunicación, con carisma, etc. Por el contrario, mi configuración dista bastante de este perfil y el escenario personal en el que empezaba era aún más distante a un escenario ideal lleno de tiempo y preparación.

Después de haber aceptado el desafío de liderar el área de niños de nuestra iglesia, hicimos la pregunta lógica: ¿con quién contamos? Bueno, la respuesta no fue muy alentadora. Para esa época ya asistían alrededor de setenta niños y había unos diez maestros encargados. No conocíamos a ninguno. Algunos de los maestros eran jóvenes que al ver que un par de "viejos de treinta y cinco" llegaban a liderar el área prefirieron irse a otra más "cool" (la verdad, ¡no los culpo por eso!). El punto es que cada vez se estaba poniendo más complicado.

A la primera reunión formal asistieron sólo seis de los maestros, la mayoría mamás con sus hijos. Sinceramente este primer encuentro no fue muy alentador: no sabíamos bien qué hacer, ni cómo empezar y los servicios no se podían detener.

Recuerdo que salimos de la reunión tratando con Arely de darnos ánimo mutuamente y pensando que el Señor podía tomar el control de la situación. No importa cuál sea la situación, nosotros sólo somos instrumentos en cualquier organización. ¡Dios es quien da el crecimiento, siempre!

Empezamos domingo a domingo a tratar de conocer cómo funcionaba el grupo: fueron un par de meses alegres, emocionantes y cansadores. Imagínense a mi esposa tratando de tener todo bajo control mientras Javier, de seis meses, lloraba incansablemente porque no le gustaba estar sin su mamá. Pareciera que estoy pintando todo demasiado caótico, pero realmente lo fue. Sin embargo, lo disfrutamos mucho: terminábamos cada domingo satisfechos y agradecidos a Dios por el privilegio de poder servir.

Dicen que antes de mejorar, una situación siempre empeora y fue exactamente eso lo que nos pasó: más o menos a los tres meses de haber empezado, los voluntarios nos "citaron" a una reunión importante. ¿El objetivo de la reunión? ¡Hacernos ver qué cosas teníamos que mejorar en el área! Fue uno de esos momentos en los que te preguntas: "¿Por qué estoy en este lugar?". Después de haberlos escuchado tratamos de explicarles por qué hacíamos lo que hacíamos y les dijimos que no estaban frente a expertos en el área sino frente a papás igual que ellos, que querían lo mejor para sus hijos y que deseaban aprender juntos cómo enseñarles sobre la fe.

Considero que ese momento fue crucial porque salimos de esa reunión pensando que tal vez estábamos queriendo liderar dando la imagen de que sabíamos exactamente para dónde debíamos ir y esa no era la mejor estrategia. Creo fervientemente que a veces un líder encuentra más eco en las personas que le quieren seguir siendo claro en sus intenciones, aunque no tenga claridad en la estrategia.

LUIS Y SANDY

(Habla Sandy). Comenzaré contando mi parte de la historia: tengo gratos e imborrables recuerdos de mi niñez, en particular el crecer con la oportunidad de asistir a una iglesia cristiana desde muy niña porque mi vecina se dio a la fiel tarea de llevarnos a mi hermana y a mi cada domingo a participar del servicio dominical.

Siempre bendigo a mi vecina porque su fidelidad llevándome a la iglesia cambió para siempre el rumbo de mi vida.

Cada domingo yo disfrutaba de buenas amistades, clases y actividades que me gustaban mucho. Muy a su manera, Dios me estaba llevando a la sala de espera del viaje de mi vida. Cada año de escuela dominical y actividades cristianas fueron semillas que sin darme cuenta Dios estaba depositando en mi corazón. Versículos como Jeremías 33:3: *"Clama a mí y yo te responderé y te enseñaré cosas grandes y ocultas que tú no conoces"* (RVR60), fueron parte de esas imborrables semillas de la infancia.

Al inicio de la adolescencia, lamentablemente como pasa con muchos, me alejé de la iglesia y quise trazar un sendero diferente para mi vida.

A los diecisiete años, enfrentando muchos problemas familiares y de autoestima, volví a la iglesia a encontrarme con Dios y a dar inicio a una restauración a través de su amor. Dios me atrajo a Él con cuerdas de *amor* - (Oseas 11:4).

Este proceso sanador me llevó a entender quién era yo en Él, y a descubrir mi propósito aquí en la tierra.

"Somos creación de Dios, creados en Cristo Jesús para hacer las buenas obras que Dios de antemano ya había planeado". (Efesios 2:10)

Entender que Dios había trazado planes para mí, me ayudó a morir a mis propios planes.

Después de este proceso de sanidad y de un camino de formación cristiana, mis pastores sugirieron que fuera ayudante de maestro en la escuela dominical. Honestamente no me llamó la atención la idea, yo no me veía enseñando a niños... ¿qué podría enseñarles? No creía tener las habilidades, ni la paciencia, *pero obedecí* la petición de mis pastores (sería el primero de muchos pasos de obediencia que tendría que dar). Comencé diciendo:

"Voy a probar pero si no me gusta lo dejo". Lo que no sabía es que estaba iniciando el viaje de mi vida del cual no me bajaría nunca.

ES CLAVE ENTENDER QUE ESTE VIAJE TE REQUIERE CAMINAR EN OBEDIENCIA

Es clave entender que este viaje te requiere caminar en obediencia. Humanamente no nos nace obedecer pero entendemos que obedecer es una decisión de *amor*. "¿Me amas?", dice el Señor en Juan 14:15, "obedece mis mandamientos". Muchos de los pasos que Dios nos ha pedido dar en este viaje no han sido fáciles, pero caminar en *obediencia* a su plan nos ha ayudado a avanzar con bendición en cada parte del camino.

Comencé entonces como ayudante de maestro, y aunque han pasado muchos años de ese momento, recuerdo esas primeras oportunidades de estar en un salón de clase. Había sed en mi corazón así que yo absorbía todo, era como una niña más aprendiendo cada domingo. A través de juegos e historias de la Biblia Dios me estaba hablando a mí. Yo aprendía más de lo que podía enseñar y siempre le digo a los maestros que están empezando: "los niños tienen más para enseñarnos que lo que podemos enseñarles nosotros a ellos". Eso ha sido siempre una realidad en este viaje: aprendemos tanto de ellos, de su risa genuina, de su sencillez, de su corazón perdonador, etc.

De esas primeras clases hasta el día de hoy han pasado treinta años en el mejor viaje de mi vida: enseñar a los niños. Un viaje que empezó en la pequeña ciudad de Zipaquirá, Colombia, y que por planes del cielo se extendería a Guatemala a donde hice mi primer viaje misionero y conocí a quien sería mi esposo, "el tío Luis" como lo llamaban los niños.

Dios tiene buenos planes que siempre van más allá de lo que podemos imaginar. Conocer a Luis fue conocer a mi compañero de viaje con quien hemos trabajado sirviendo a Dios enseñando a los niños desde 1999, en Colombia, Guatemala, Perú, El Salvador, Venezuela, México, Estados, Unidos e India. Han sido veinte años, diez de los cuales estuvimos como misioneros a tiempo completo para los niños y los últimos diez años ejerciendo el pastorado de iglesia de niños.

Ahora es mi turno (habla Luis). Mi vida fue marcada por el ejemplo de mi mamá y de mi abuelo quienes siempre nos llevaron a la iglesia desde niños (tengo dos hermanas mayores, una menor, dos primas y un primo con el que crecimos en la misma casa). Siempre vi el ejemplo de buscar a Dios y de servir en ellos así que cuando cumplí doce años me di a la búsqueda del servicio. Serví un tiempo en el grupo de danza de la iglesia y otro en el grupo de campamentos.

Pero un buen día, la persona que se convertiría en mi primer mentor me dijo: "Luis, ¿te gustaría ser mi ayudante en una Escuela Bíblica de Vacaciones?". Mi primera reacción fue decir que no, yo no quería trabajar con niños, pero terminé aceptando. Al final de esa semana, le pregunté al maestro de la clase: "¿Nos vemos en el domingo con los niños?", y su respuesta fue: "No, los domingos no hay clases para niños", a lo que respondí: "¿Y por qué no las empezamos?", y sin recordar mucho el orden de sucesos, terminamos tres hombres el siguiente domingo iniciando la Escuela Dominical de mi iglesia. No teníamos mucha preparación, tampoco materiales y menos presupuesto. Pero dimos el paso de fe y tres años después ya éramos un equipo de ochenta maestros.

Cinco años después, en 1995, Dios me abrió la puerta para tomar un entrenamiento intensivo para ministros de niños llamado "A La Gran Comisión". Este entrenamiento revolucionó mi vida: no solo afirmó en mi corazón que el ministerio de niños era el llamado de mi vida, sino que extendió mi visión de alcanzar no sólo a los niños de mi ciudad (Quetzaltenango, Guatemala) sino me llevó a pensar en alcanzar a los niños del mundo, que en ese entonces sólo era una visión lejana. Al año siguiente regresé a ese entrenamiento para participar como voluntario y colaborador del evento y fue allí, el día de mi cumpleaños, que conocí a mi esposa Sandy, quien se convertiría en mi compañera de viaje. Dos años después nos casamos e iniciamos al mismo tiempo la vida de casados y la vida misionera. Volamos a Guatemala con maletas con ropa y materiales de enseñanza y muchos sueños para cumplir en Dios, y ese viaje ha sido maravilloso, y lo mejor es que "aún seguimos viajando".

Mientras más te sumerges en la presencia del Señor y mientras más kilómetros viajas con Él, jamás volverás a ser el mismo así que, ¿qué piensas? ¿Te unes al viaje?

>LOS BACHES DEL CAMINO<

ESTEREOTIPOS

Tal vez el país que más hemos visitado en viajes misioneros (habla Luis), es El Salvador, y recuerdo muy bien nuestro primer viaje: habíamos sido asignados allí mi esposa, una misionera de Virginia y yo.

Luego del viaje desde Ciudad de Guatemala, las personas que fueron a recibirnos no podían ni siquiera esconder su asombro. Nosotros no entendíamos sus expresiones, se miraban los unos a los otros, pero de todas maneras nos llevaron a la iglesia anfitriona.

NO PERMITAS QUE TE MENOSPRECIEN POR SERVIR AUN SIENDO JOVEN.

Tuvimos un entrenamiento para maestros muy exitoso y la gente recibió cada enseñanza con un corazón abierto. Ya estaban listos para poner en práctica lo que les habíamos enseñado. Además, a mi esposa le pidieron compartir en un evento para mujeres de la iglesia el cual fue también muy especial, y en el que Dios se movió tocando a las asistentes.

Recuerdo que justo antes de emprender nuestro regreso a Ciudad de Guatemala, el grupo organizador nos rodeó para agradecernos y dijeron: "Cuando los vimos llegar, pensamos: '¿Qué nos van a enseñar estas personas tan jóvenes? Son tan jóvenes que no deben de tener nada para enseñarnos'. Pero después de ver cómo nos han ministrado entendimos que realmente Dios los usa". Allí entendimos las caras de asombro que habíamos visto un par de días antes.

Seguramente te encontrarás con este estereotipo hacia ti y hacia los niños: los adultos miramos el exterior y de eso deducimos si podemos ser ministrados por esa persona o no. Pero debemos recordar que Dios va a hablar a nuestras vidas a través de los canales, vasos y personas que menos esperamos. Las más grandes lecciones te llegarán cuando menos lo esperes y de la persona que menos piensas.

No permitas que te menosprecien por servir aun siendo joven. Que el desapareció jamás te detenga para realizar el viaje para el cual Dios te trajo al mundo.

"Que nadie te menosprecie por ser joven. Pero sé ejemplo de los fieles en la forma en que hablas y vives, en el amor, en la fe y en la pureza". 1 Timoteo 4:12

Preguntas:

- ¿Alguna vez te han menospreciado? ¿Cómo reaccionaste?

- Piensa por un momento. ¿Habrá alguien a quien tú has menospreciado por su edad, tamaño u otro rasgo?

- Piensa por un momento en lo que puedes hacer para redimir el daño que hiciste a esa persona, y animarla a seguir adelante en el ministerio que Dios le ha dado.

RECURSOS ADICIONALES EN WWW.E625.COM/LECCIONES

> SECCIÓN <

2

¡A EMPACAR SE DIJO!

SUPONGAMOS QUE ALGUNO DE USTEDES QUIERE CONSTRUIR UNA TORRE. ¿QUÉ TENDRÍA QUE HACER PRIMERO? TENDRÍA QUE SENTARSE A CALCULAR EL COSTO, PARA VER SI TIENE LO SUFICIENTE PARA TERMINARLA, PORQUE SI ECHA LOS CIMIENTOS Y DESPUÉS NO PUEDE TERMINARLA, TODOS LOS QUE LA VEAN SE BURLARÁN DE ÉL. ENTONCES DIRÁN: 'ESTE HOMBRE COMENZÓ A CONSTRUIR Y NO PUDO TERMINAR SU TORRE'". LUCAS 14:28-30

La palabra clave es planear. Jesús no sólo vino a salvarnos sino también a enseñarnos a vivir bien; y en eso, planear es importante. Siéntate primero a planear: planeamos, ejecutamos, supervisamos, evaluamos, corregimos y volvemos a planear. El uso correcto de los anteriores verbos en tu ministerio te va a llevar más allá de lo imaginado.

Es muy importante que tengamos claras las respuestas a las siguientes preguntas:

1. ¿A dónde vamos y con quién?
2. ¿Qué necesitamos llevar?
3. ¿Cómo vamos a viajar?

Dar respuesta a preguntas tan sencillas como estas es la mejor forma de poder sentarnos a planear. Dale claridad a las respuestas a estas preguntas y tendrás al más poderoso de los constructores respaldando tu obra.

CAPÍTULO

¿A DÓNDE VAMOS Y QUIÉN VA CON NOSOTROS?

Imagina que te regalan un rompecabezas de mil piezas. Te emociona porque eres aficionado a los rompecabezas. Lo abres y observas que es del tamaño apropiado de piezas y de la mejor calidad, pero cuando te preparas para armarlo te das cuenta de que no trae la figura guía del rompecabezas en la tapa ni tampoco en el interior. ¿Cómo armas el rompecabezas sin la foto guía?

De manera similar es cuando empiezas una obra y no tienes metas, no tienes un destino ni parámetros que guíen tu trabajo y al de tu equipo. Podrás contar con los mejores recursos y el mejor equipo pero no llegarás a ningún lugar.

Antes de empezar tu trabajo, o para definir un nuevo inicio para tu equipo es necesario sentarte y definir cuál es tu visión y a dónde quieres llevar a los niños. Tener estas dos preguntas claras, definidas y sencillas para el entendimiento y aplicación hará tu trabajo más efectivo.

Es importante que sepas que *la visión del ministerio de niños no es independiente a la visión de la iglesia,* por lo tanto, el pastor debe saber tu plan para apoyarte espiritualmente y financieramente.

Déjanos darte un ejemplo de visión:

"Esta es la gran misión que les he dado: vayan y hagan discípulos a todos los *niños y niñas* y enséñenles a obedecer mi Palabra. Tengan por seguro esto: estoy con ustedes siempre hasta el fin de los tiempos".

Necesitamos recordar que somos gente **creativa** que ama a los niños.

Nuestra imaginación al momento de enseñar no tiene límites porque queremos que los niños conozcan y **descubran** a nuestro Dios y que saboreen su presencia ya que eso es lo que les hará no apartarse de sus caminos cuando crezcan (Prov. 22:6). Si los guiamos a **explorar** una vida devocional que busque su presencia, entonces experimentarán sus maravillas y estarán listos para **compartir** con otros su presencia y el conocimiento que tienen de Él. Esa es la gran misión. (Marcos 16:15).

Así que, si no tienes una visión aún, tómate un fin de semana para apartarte y ayunar; pide apoyo a tu pastor y a tu equipo de trabajo, oren juntos y definan la "foto del rompecabezas", las metas y a dónde quieren llegar. Una vez definido y aprobado por tu pastor, entonces tú y tu equipo estarán listos para iniciar el emocionante viaje del ministerio de niños.

¿QUIÉN VA CONTIGO EN EL VIAJE? ARMA TU EQUIPO IDEAL

¿Cuál es entonces el equipo ideal para trabajar con niños? Un equipo ideal es el que forman armónicamente las siguientes personas:

El dueño del viaje. Nada más y nada menos que la persona de Jesús. No te atrevas a hacer este viaje sin Él. Él es el dueño de nuestros días, de nuestras iglesias, de la visión, de la vida de los niños, de sus familias; Él es el centro de todo.

Bíblicamente:

• Él es la puerta: Los niños y sus familias necesitan cruzar por la única puerta que les lleva al Padre: Jesús. No se trata de llevarlos a un encuentro contigo, con tu iglesia local, con tu ministerio; se trata de guiarlos a cruzar la única puerta que los lleva ante Dios mismo y es Jesús. No trates de ser el mediador o la solución para sus vidas. Sólo hay un mediador y es Jesús. Nuestro ministerio no puede ser la puerta por la cual los niños cruzan; asegurémonos que la única puerta que les presentemos sea Jesús, no nosotros.

• Él es el pastor: No hay mejor pastor que Jesús. Él es quien conoce el mejor pasto y quien tiene la mejor vara y el más poderoso cayado. Él es quien ya dio su vida por las ovejas, nadie más lo ha hecho.

• Él es la piedra angular que sostiene toda la construcción de la iglesia a nivel global. El fundamento es permitir que Él sea formado en la vida de los niños que cuidas.

- Él es el primogénito de Dios: El hijo de Dios hecho hombre. La imagen del Dios invisible. El sumo sacerdote que entiende lo que nosotros vivimos. Y esto es lo increíble; fue niño. El entiende perfectamente lo que un niño vive, siente, piensa, cree. No es ajeno ni lejano al corazón de niño.

- Él es la cabeza de la iglesia. Ten esto siempre presente: nosotros somos el cuerpo, y Él es la cabeza, el centro de mando; de allí vienen las órdenes, los proyectos, los objetivos, las instrucciones, el control de los pensamientos. No sufras si las cosas no se hacen como tú planeaste; asegúrate más bien de que las cosas se hagan como Jesús las planeo.

- Jesús es el novio de la iglesia. Apocalipsis nos dice que al final de los tiempos él regresará por su iglesia. Eso incluye a los niños. Al servir entre ellos míralos con el respeto de saber que ellos serán los herederos de la salvación.

Hay un versículo que inspira todo lo que hacemos en la iglesia infantil:

"Puso luego a un niño en medio de ellos y, tomándolo en los brazos, les dijo: -El que recibe a un niño como este en mi nombre, me está recibiendo a mí; y el que me recibe a mí, recibe al que me envió". Marcos 9:36:37

Las personas llamadas a servir con niños nunca podemos olvidar que todo lo que hacemos por un niño lo estamos haciendo directamente para la persona de Jesús. ¡Y hay más! Todo lo que hacemos para Jesús lo estamos haciendo directamente para el Padre. ¿Puedes ver el rostro de Jesús en la vida de ese niño que llega a tu clase? Bien, detrás de ese rostro, ¿puedes ver los ojos de Jesús mirándote? Él lo está haciendo. El mejor público que puedes tener es el de un solo niño. Un sólo niño en frente tuyo es la misma persona de Jesús mirándote. ¡Qué gran responsabilidad tenemos y a la vez qué gran privilegio!

Detrás de la mirada de ese niño encuentras también la misma poderosa mirada del Padre recibiendo tu clase y escuchando tu lección. El Padre mismo escucha atentamente y recibe tu clase; el Padre mismo presta atención a las palabras que le dices a ese niño en esa conversación rápida; el padre mismo puede ver en tus ojos la compasión y la gracia con la cual te preparas para desafiar a ese niño a conquistar el cielo. Existe entonces un celo; un temor reverente que nunca puedes olvidar en tu ministerio. El Padre mismo aplaude cuando entregas el corazón y toda tu fuerza en esa lección que compartes.

No queremos seguir adelante sin llamar tu atención sobre algo más en este versículo: ¿Qué hizo Jesús antes de hacer esta poderosa declaración?

Volvamos al texto:

"Puso luego a un niño en medio de ellos y, tomándolo en los brazos, les dijo":

- *Puso luego a un niño en medio de ellos*: Los niños eran parte de las enseñanzas de Jesús. En varias ocasiones vamos a ver niños ilustrando enseñanzas y acompañando la escena en la que Jesús está sanando, compartiendo o enseñando a las multitudes. ¡Había niños siguiendo los pasos de Jesús! Los niños siempre son bienvenidos al lado de Jesús.

- *Tomó al niño en sus brazos*. Asegúrate que Jesús es el dueño, capitán, rector, pastor, ministro, de tu equipo. El mejor lugar donde pueden estar los niños que servimos es en los brazos de Jesús. ¿Qué es eso en la práctica? Preséntales a Jesús en tus lecciones; que Él sea el protagonista. Es muy fácil reunirnos y olvidar que nuestra reunión es poderosa cuando esa reunión en su nombre. (Mateo 18:20).

El promete estar contigo, al frente de tu equipo; Que lo que nos reúna sea él: ¡su obra en la cruz y el poder de saber que resucitó!

EL DUEÑO DE ESTE VIAJE MINISTERIAL ES JESÚS. NO TE ATREVAS A HACER ESTE VIAJE SIN ÉL.

El conductor del autobús. Al frente de tu viaje debe haber una cabeza visible y definida; lo que para muchas iglesias se conoce como el líder del ministerio de niños (o pastor de niños o superintendente o el nombre que le quieras dar). Más allá de cargo, asegúrate de que sea la persona dispuesta para dirigir este ministerio tan especial. Los títulos no son más importantes que la persona detrás. ¿Cómo debe ser esta persona?

- Debe ser la persona adecuada para estar sentada al frente del autobús manejando, guiando las actividades del ministerio.

- Debe amar a Dios sobre todas las cosas. Esto es clave: debe amar más a Dios que a los niños, que a su ministerio, que a sí mismo, que a su tiempo, que a su gusto.

- Debe responder directamente a los pastores principales y conocer muy bien el principio de autoridad espiritual y honrar la figura pastoral en su iglesia.

- Su visión debe respaldar la visión de los pastores principales. Cuando él impone otra visión en la iglesia significa nada menos que "dos visiones" y dos visiones es sinónimo de "división".

- Debe tener gracia en el manejo de recurso humano. Su gran misión es convocar, enseñar, plantar, discipular y animar el equipo que Dios le da.

- Debe saber sobre la Biblia y tener la sencillez para poder enseñarla y aplicarla a niños de todas las edades.

- Debe querer estar con los niños. El ministerio de niños jamás debe ser visto como un trampolín u oportunidad para poder pasar a un ministerio más "relevante" o "significativo". Nunca olvides que la palabra ministerio tiene su origen etimológico en la palabra servir. Servimos no para cumplir nuestros intereses sino para ayudar a otros a encontrarse con Jesús.

- Debe tener gracia con los niños, tener la capacidad de tirarse al piso, hablar con ellos, jugar, reírse, interesarse genuinamente por lo que les pasa. Los niños tienen un radar que detecta las personas a las cuales les gusta estar con ellos. Cuando tú les demuestras interés genuino ganas su atención. En el Reino de los cielos, ellos merecen personas que de verdad les demuestren importancia.

- Debe vivir en santidad. Inspirar integridad y limpieza frente a su vida sexual, financiera y de carácter cristiano.

- Debe tener claros los límites en el trato con los niños. El contacto físico debe estar enmarcado en el respeto máximo por los niños.

- Debe querer hacer este viaje. Nadie quiere viajar con alguien a quien no le gusta viajar. Asegúrate de pedir a Dios que ponga en ti ese liderazgo y esa unción de convocatoria y que la gente quiera viajar contigo. ¿Has visto esas páginas web que anuncian viajes en cruceros con promociones increíbles que pintan escenas del mar Caribe llenas de color y en las que todo el mundo es feliz? Bien, mucho mejor que un viaje en crucero por el mar Caribe es servir a Jesús entre los niños. Descubre con tu propia vida que estás en el mejor viaje del mundo; esa convicción en ti va a contagiar a muchas personas y te aseguramos que Dios mismo va a prender ese mismo fuego que hizo arder en ti en el corazón de otros. Jesús contagio a doce, lo rodearon setenta, creció a multitudes. Él sabía que estaba en el mejor viaje: servir al Padre.

• Debe conocer su destino y darlo a conocer. Nadie querrá ir contigo si no sabe lo increíble que es el destino que le ofreces. ¿Recuerdas la importancia de tener la visión clara? Cierra los ojos y mira la eternidad. Descubre en la eternidad los ojos de muchas personas que simplemente crecieron y llegaron al cielo gracias a ese día en el que preparaste tu clase con pasión. Ellos recibieron a Jesús ese día siendo unos niños; crecieron y ahora están aplaudiendo al hijo de Dios por la eternidad, y sus familias están a su lado. Ellos llegaron, sus hijos llegaron, los hijos de sus hijos llegaron y Jesús simplemente te mira y dice: "Buen siervo fiel; en lo poco fuiste fiel, sobre mucho te pondré". El destino es la salvación de muchos. ¡Qué viaje tan valioso!

• Nunca debe estar a puertas cerrada con un niño. Todo diálogo con un niño debe darse en un espacio totalmente abierto y bajo la mirada de personas de control que intencionalmente lo rodeen en ese momento.

En nuestra iglesia (habla Henry) cuando un padre de familia me pide que atienda a su hijo, lo acepto sólo si el niño es quien le dice al papá que quiere hablar conmigo. Considero que las personas ideales para hablar con los niños son sus papás y mi función es estimular que los niños vuelvan el corazón hacia sus papás (Malaquías 4:6) y no hacia pastores o líderes. Sólo en casos muy puntuales tengo citas con niños (para tratar temas como duelos, preguntas sobre Biblia complejas, bullying). En esos casos siempre sostengo la cita con el niño en compañía de uno de sus padres y pido al niño que me permita invitar a mi esposa a esa conversación. Lo hacemos porque creemos firmemente en el poder de la pareja rodeando al niño (hombre y mujer).

Además de todo esto, la persona al frente del ministerio de niños necesita cumplir con las listas de requisitos pastorales de:

-1 Timoteo 3
-Tito 1
-Hechos 6: 3
-1 Timoteo 4:12-16.

Por favor revisa con atención los anteriores listados y te vas a dar cuenta de lo clara que es la Biblia al momento de seleccionar a las cabezas ministeriales. A la luz de las anteriores listas, sabemos que la realidad en varias iglesias consiste en que el ministerio de niños es pastoreado por una señora sola que hace muy bien su trabajo pero que no tiene el apoyo de nadie más como compañero pastoral. Esa realidad nos lleva a orar y pedir que Dios añada más servidores a su obra. ¡Créelo! Hemos visto que Dios responde a esa oración.

Admiro mucho el trabajo de señoras fieles y comprometidas que han invertido su vida al frente de los niños en tantas iglesias. En este tiempo de tantos cambios y amenazas que rodean a los niños, buscamos que en los casos en que el ministerio es liderado por una señora sola, una *pareja pastoral* la rodee y le dé el soporte y acompañamiento debido. Lo decimos porque los niños (que en muchos casos crecen en casas sin el modelo de un papá y una mamá juntos) necesitan llegar a la iglesia y encontrar al frente a una pareja pastoral de esposos que les marquen el modelo bíblico del diseño de pareja dado por Dios.

COMO NUNCA ANTES TENEMOS QUE REFORZAR EL DISEÑO BÍBLICO DE *FAMILIA* Y MOSTRARLO DE DE TODAS LAS FORMAS A LA SIGUIENTE GENERACIÓN.

¡Como nunca antes tenemos que reforzar el diseño bíblico de *familia* y mostrarlo de todas formas a la siguiente generación. No podemos permitir que los hombres sigan pensando que la formación de los niños en la iglesia les corresponde a las mujeres exclusivamente. El rol de la educación cristiana debe ser una función de parejas pastorales con la capacidad de presentar a los niños la verdad del evangelio tanto en lenguaje masculino como femenino. Los niños necesitan ver cada vez más hombres como referentes espirituales en sus iglesias y dejar a un lado el paradigma que la espiritualidad es un asunto de las mujeres. Bíblicamente nos complementamos, el ministerio es para todos.

Actualmente en nuestro ministerio (habla Henry), el cuarenta por ciento de los servidores son hombres; y permanentemente estamos recordando a la iglesia la importancia de hacer equipos (tanto de hombres como de mujeres) sólidos en la construcción de la fe tanto de los niños como de los adolescentes.

Acompañantes de viaje. El equipo de servidores. Sin ellos el viaje es casi imposible. Ellos son los que hacen de este viaje la mejor experiencia posible. ¿Cómo convocarlos y seleccionarlos? ¿Cómo lograr tener y sostener en el tiempo personas llamadas, capacitadas y fieles al ministerio de niños? No hay una fórmula. ¡No puede ser! ¿Acabo de leer que *no* hay una fórmula para lograr tener mi tan anhelado y capacitado staff? ¡Así es!

Permítenos repetirlo; no hay una fórmula celestial, pero sí hay trabajo ministerial a consciencia por hacer. Recuerda que estamos en un viaje y piensa:

• El ministerio es un viaje que no puedes hacer sólo. Necesitas mucho apoyo. Como ya los sabes el ministerio consiste en servir. Servir en la iglesia es ayudar a las personas a tener ese encuentro radical y profundo con Jesús. Eso implica darlo todo por los niños pero también por el equipo. Enfócate no sólo en servir a los niños; piensa también en servir a los que sirven a los niños. ¡Que el viaje sea muy divertido para todos!

• Nadie quiere ir en ese viaje si el costo es impagable. Ya de por sí el ministerio de niños tiene una carga alta espiritual, emocional y física, no la hagamos más pesada de llevar. Algunos sin darnos cuenta hacemos que el precio de servir con niños sea impagable: largas jornadas de servicio, reuniones extra, regaños, exigencias, demandas, etc. Los que dirigimos el ministerio tenemos la responsabilidad de servir a los que sirven; no de imponerles más cargas.

• ¿Cómo lograr atraer más servidores? Piensa en esto al momento de presentar tu viaje:

  • *Convoca a los mismos padres* de familia para que ellos hagan parte de tu equipo. Ellos son la principal fuerza de autoridad espiritual que Dios llamó sobre los niños.

  • *Cotiza*, dale el valor de peso que le corresponde al ministerio en la iglesia. Enseña a la iglesia a ver el ministerio de niños como el lugar de más fruto y mover espiritual de Dios. Prepara una iglesia de niños en donde servir sea toda una experiencia que nadie se quiera perder.

  • *Acaba con el síndrome de guardería.* No somos una guardería que cuida a los niños mientras los papás están en la iglesia "importante". Somos una iglesia avivada y poderosa donde Dios se mueve, sana, salva, hace milagros y transforma vidas de niños. No te pierdas el poder ser testigo y protagonista de ese mover de Dios entre los niños. La iglesia de niños no es ni más importante ni menos importante que la iglesia de adultos; ambas son igualmente de estratégicas e importantes para Dios.

  • *No te limites a dar clases bíblicas* a los niños y entregarles lápices de colores para que pinten mientras sus papás los recogen.

¡Enséñales a creer y a descubrir a Jesús en cada encuentro en la iglesia! Asegúrate de que tu staff aprende de la Biblia y tiene ese encuentro con Jesús antes para poder ir a los niños a enseñarles; su vida debe ser llena para poder dar. Es una cadena: el líder enseña a su equipo, el equipo aprende, crece y luego va y lo enseña a los niños. ¡Qué poderoso es ver a otros aprender de lo que yo primeramente aprendí!

• *Amplía el foco.* Servir con niños no es un llamado exclusivo para los que son divertidos y saben usar títeres. El ministerio de niños necesita muchos dones a disposición y todos podemos servir: ingenieros que organicen procesos de seguridad y piensen en dar mejor soporte, expertos en sistemas que ayuden a organizar las entradas y las salidas de los niños de forma segura, mamás que entiendan el llanto de un niño y reconozcan qué está pasando con ese niño y cómo ayudarle, médicos y enfermeras que puedan ver la condición de los niños y apoyar en emergencias bajo la dirección de la iglesia, contadores que ayuden con presupuestos. Todos son útiles.

A lo largo de este viaje hemos descubierto en personas que no se imaginaban que Dios los podía usar con niños, unos dones impresionantes para servir con ellos. Todos los dones, profesiones, y habilidades son bienvenidas y más que útiles. El secreto es poder descubrir y potencializar lo mejor de lo mejor en la vida de los que sirven a tu lado. Cuando alguien descubre que es útil, ¡claro que va a querer darlo todo!

Mucha gente haciendo pocas cosas.

Hemos visto gente apasionada por trabajar con niños fundirse en el servicio. No es malo hacer las cosas con pasión, al contrario, pero lo que debemos entender es que el servicio a Dios es más una maratón y no una carrera de cien metros.

El problema en muchas áreas de voluntariado de nuestras iglesias es que la gente termina "fundiéndose" en el servicio. Sirven mucho durante un tiempo y luego dejan de servir, pero no de una manera sana, sino en algunas ocasiones hasta enojados y molestos con la misma iglesia, o lo que es peor, con Dios.

Dicen que el premio al buen trabajo es más trabajo. Tengamos cuidado de nuestros voluntarios y seamos conscientes en balancear la carga de trabajo para ellos, eso permitirá que más gente pueda estar y permanecer con nosotros.

Busquemos ser consientes en sumar a la mayor cantidad de personas y cuidar que no estemos cayendo en el error de agregarle trabajo a personas que están siendo eficientes. Las personas que están sirviendo con nosotros deben *saber* que nosotros *sabemos* que sus familias son lo más importante y que a las decisiones, calendario, privilegios y atribuciones las delegamos poniendo su familia como prioridad.

Niños. Los invitados más especiales.

Todo está listo: Dios al frente; un líder llamado, apasionado con capacidad de presidir; un equipo convocado, capacitado y lleno del poder de Dios … ¿nos falta algo verdad? Claro que sí, ¡nos faltan los niños! Todos los que Dios quiera enviar.

Si vas a servir con niños debes tener muy claro quiénes son ellos. Bien, los niños son nada más y nada menos que personas espirituales. Son seres creados por Dios; tienen un espíritu, un alma y todo ello vive en un cuerpo. Presta atención: su cuerpo, al igual que su alma y su espíritu están en desarrollo. ¡Esto significa una gran responsabilidad!

Antes que nada, dentro de cada niño hay un espíritu y los padres, de la mano de la iglesia, somos el mejor equipo para bendecir el espíritu de los niños. Pero, y en la práctica, ¿qué significa que los niños son seres espirituales? Que su espíritu tiene necesidades y nuestra misión es llegar a ellas. Algunas de las necesidades espirituales que todos tenemos son la necesidad de salvación, de dirección, de propósito, de trascender, de amar, de ser amados, de adorar, de comprender y, por sobre todo, la necesidad misma de Dios.

A medida que los niños van creciendo sus necesidades van desarrollándose también y ahí es donde aparecen los espacios pastorales ideales. En los siguientes párrafos te queremos explicar de una manera muy sencilla cómo son los niños en diferentes edades y algunas formas en las que podemos apoyar como iglesia en ese crecimiento espiritual.

En un bebé, la necesidad de ser amado es evidente. Como iglesia debemos apoyar a los papás a demostrar ese amor. Cada iglesia debe determinar, de la mano del equipo pastoral, cuál es el mejor espacio para los bebés y los niños de 2, 3 y 4 años. Sin embargo, el objetivo es lograr espacios para que padres e hijos descubran el amor de Dios como papá, protector, amigo, todopoderoso y pastor, y también para que descubran a la iglesia como un lugar seguro donde son muy amados. El trabajo con papás debe ser muy cercano al punto que los protagonistas de la formación espiritual son los padres y la iglesia actúa como lugar de refuerzo y apoyo. En estas edades tenemos que estar preparados para demostrar amor a los niños en momentos en que ellos lloran y viven la inseguridad del desprendimiento de sus papás.

Ya en edades previas al ingreso al colegio (5 y 6 años) y en los primeros años de educación (7 y 8 años), la iglesia debe poder crecer con las necesidades de los niños. Su mundo se expande y aparecen habilidades nuevas como su increíble capacidad de analizar las historias de héroes y victorias y su mente prodigiosa para memorizar. Es el mejor momento para sellarlos con el amor profundo por la Biblia, llevarlos por el contenido de relatos fascinantes de los héroes de la fe y conforme van creciendo lograr que memoricen todas las porciones bíblicas que puedan. Muchas personas opinan que la memorización no es una prioridad y que no hace parte de las técnicas modernas de educación. Con respeto, no es así en el tema espiritual. Entre los 6 y los 9 años de edad, las neuronas pasan por lo que se conoce como la edad de oro en la memorización. ¿Cómo perder esa etapa gloriosa en la vida?

Toda la Biblia que sé de memoria (habla Henry) la aprendí de niño; esa es la Biblia que viene a mi mente en los mayores momentos de presión o de necesidad. Recuerdo a cada profesor que desde niño me enseñaron versículos y honro su legado en mi vida. Eso aprendí y eso quiero enseñar.

En estas edades, el amor debe ser afectuoso y debe ayudarles a descubrir lo valiosos que son en Dios y el héroe que cada uno de ellos es para Él.

A medida que crecen, van apareciendo preguntas, dudas, temores, cuestionamientos y desafíos claros a la fe. Ya a los 9, 10 y 11 años, la necesidad de darles herramientas para tener una fe sólida es más fuerte. Los pastores de niños se deben transformar en personas más cercanas, "imitables", que ellos admiren y que tengan credibilidad en sus enseñanzas. En estas edades ellos empiezan a entender que no todo el mundo comparte su fe, y si la fe de sus papás no es sólida, van a desafiar a la iglesia desafiando al equipo para confirmar si están ante una fe creíble o si al igual que lo que viven en casa, no es una fe coherente. El amor debe ser a prueba de desafíos. Debe ser un amor confidente, personal y demostrativo, escuchándolos y entendiéndolos.

La iglesia está llamada a ir creciendo con ellos, a entender su desarrollo y suplir las demandas que van a ir apareciendo a través de lecciones de vida claras y relevantes para sus vivencias diarias. Esto es una de las cosas más apasionantes del ministerio con niños: ¡nunca nada es igual! Ellos crecen, la iglesia crece.

En paralelo, las actividades dentro de la iglesia deben conocer y respetar el desarrollo de ellos tanto en su alma (intelecto, emociones y voluntad) como en su cuerpo. Debes saber que la capacidad de atención de un niño de 4 años a una misma actividad es, a lo sumo, (siendo muy pretenciosos) de 4 minutos. El ministerio de niños debe conocer a su público e identificar muy bien sus capacidades. Imaginarte que a tu viaje lo haces en una moto de 1000 cc y con ella pretendes subir 4 colinas con una carga de 200 kilos sobre ella, vas a fundir el motor, ¿verdad? Cuando pretendemos que los niños presten atención a una misma actividad que no los desafía a moverse ni despierta su interés va a pasar lo mismo: los vas a fundir. De repente el viaje se va a estropear por exceso de peso y de desgaste. La iglesia no debe desgastarlos; debe empoderarlos. Igualmente debemos entender que ellos están aprendiendo incluso a comportarse en ámbitos sociales. Serás testigo de situaciones de agresividad y de comportamiento inadecuado en los que deberás entender que ellos necesitan ser enseñados aun en el respeto por sus compañeros y figuras de autoridad dentro de la iglesia.

De igual manera, debes saber que los niños son seres totalmente diferentes entre sí. Aun cuando hay características típicas del desarrollo que nos permiten entender el proceso específico que cada uno de ellos está viviendo, no podemos olvidar que cada niño es un mundo único y diferente con un sello, un diseño y un propósito especial dados por Dios. No te acostumbres a ver "salones" de niños. Conoce sus rostros, escucha sus voces e identifica sus necesidades. A medida que tu iglesia va creciendo es fácil olvidar el principio del público de "solo uno", pero ahí hay un secreto poderoso en el trabajo con niños: vemos grupos, pero Dios conoce al "uno".

Papás. Los mejores compañeros de viaje que los niños necesitan.

Dios designó a los papás como los principales líderes de la formación espiritual de los niños. La iglesia de niños debe hacer equipo con los papás todo el tiempo durante proceso de desarrollo de los niños y debe animarlos y oírlos mostrando interés genuino en ser su apoyo.

La iglesia no es el lugar para dar quejas (reportes) a los papás sobre el comportamiento de los niños. Cuando un niño ha tenido alguna situación de comportamiento que merezca ser hablada con los papás se debe entender que el interés que tenemos es el de acercar a los papás y a los hijos a Jesús y no "vengarnos" del niño por lo que nos hizo o lo difícil que fue para nosotros trabajar con él durante su tiempo en la iglesia. No podemos olvidar que la iglesia no es un colegio o un centro educativo. La iglesia es poderosamente eso: la iglesia del Señor. Un lugar para acercar y atraer las familias a Jesús, no para desalentar y despedirlas.

Lo anterior no significa que debemos ocultar o guardar silencio frente a los problemas de comportamiento o de socialización que detectemos en los niños. Se debe poder hablar claramente con los papás, sólo que primero tenemos que estar seguros de que amamos al niño del cual vamos a hablar y amamos su familia. En los anexos online de este libro encontrarás un procedimiento sugerido de la forma como podemos hablar con los papás de un niño cuando se presente una situación que amerite ser reportada.

Uno de nuestros llamados principales es el de ser un puente de unión entre papás e hijos en la iglesia. Toda la información que podamos dar a los papás acerca de lo que trabajamos con los niños en la iglesia es poderosa para lograr extender nuestra enseñanza a las familias que rodean a los niños. ¿Cómo hacerlo?

Frases cortas, claves, escritas en el mismo material de trabajo que el niño lleva a su casa, boletines muy cortos, subir a redes sociales frases claras y contundentes de la forma en que el papá puede reforzar la enseñanza, diálogos enfocados en los principios bíblicos de educación. (Proverbios, Deuteronomio 6, 11:18-20, Isaías 38:19, Salmos 78:6-7, Efesios 6:1-4, Colosenses 3:20-21, Éxodo 20:12, Levítico 19:3, Hechos 2:39, Tito 2:4, 1 Tesalonicenses 2:11-12, Génesis 33:13-14, Eclesiastés 12:1, 1 Timoteo 4:12.

Los anteriores versículos son sólo una selección de toda la riqueza que puedes encontrar en la Biblia acerca de la relación entre padres e hijos y consejos útiles de crianza. Nuestra única y gran diferencia frente a colegios y cualquier otra institución que trabaja con niños consiste en que amamos a Jesús, amamos su Palabra y predicamos con amor esa palabra que es lo único que realmente puede sanar las relaciones entre papás y sus hijos.

Estamos acá para ser testigos de la forma en la que Dios hace volver el corazón de los padres hacia los hijos y el corazón de los hijos hacia los padres. No subestimes esa misión; expande la visión al gran impacto que tenemos cuando los niños de nuestra iglesia encuentran en sus papás figuras de seguridad y de confianza. De nada sirve el poco tiempo que tenemos con ellos en la iglesia, si no logramos trabajar de la mano con los papás para que la semilla se expanda y se haga más fuerte. Conéctate con los papás y tendrás toda una generación.

LA BICICLETA DE LA EDUCACIÓN

Esta es nuestra analogía favorita del trabajo que tenemos como educadores (hablan Luis y Sandy). Imagina una bicicleta. Sí eso es, la bicicleta en la que aprendiste a manejar o tal vez la que le diste a tu hijo para que aprendiera.

Entonces, resulta que una bicicleta tiene dos pedales y que el avance ocurre únicamente cuando a ambos pedales se les aplica fuerza para avanzar hacia adelante.

En el ámbito espiritual, la bicicleta representa la vida de los niños y el proceso de discipulado en el que queremos llevarlos. Ellos con toda la energía están listos para que los lancemos por el camino para ir a toda velocidad.

Ahora bien, observa los dos pedales, uno le pertenece a la iglesia y el otro les pertenece a los padres. Somos los dos entes responsables de educar a las nuevas generaciones.

La clave del discipulado saludable es que los dos entes estén pedaleando al mismo tiempo, de otra manera no existirá el avance, sino que la bicicleta se moverá en círculos y eventualmente se caerá.

No existe tal cosa como el "monopatín" o "scooter" de la educción, pero a veces sucede así cuando la educación sólo se recibe en la iglesia y en la casa hay silencio o apatía en las cosas del Señor.

No pretendemos que los padres sean expertos en enseñar a sus hijos, pero jamás debemos subestimar el impacto que la convivencia de los padres con sus hijos tiene en sus vidas para bien y cuánto los inspira para tener una relación personal con Jesús.

El pedaleo se basa no es ser expertos sino en mantenerse conectados con el Espíritu Santo para saber el momento en que debemos dar un pedaleo.

RECURSOS ADICIONALES EN WWW.EG25.COM/LECCIONES

CAPÍTULO

¿QUÉ NECESITAMOS LLEVAR?

¿Te ha pasado en un viaje que te has empeñado por empacar una maleta muy completa pero justo en medio del viaje te das cuenta de que algo te faltó? Piensa en el ministerio de niños como una gran maleta en la que debes tener en cuenta varios elementos básicos para hacer de tu viaje la mejor de las experiencias.

¿Qué es eso esencial que debes empacar muy bien en tu maleta de ministerio?

- Un gran programa bíblico: Currículo

- Recursos de apoyo didácticos

- Lugar físico

- El respaldo de la autoridad de tus pastores.

Analicemos muy bien cada uno de estos elementos:

UN GRAN PROGRAMA BÍBLICO O CURRÍCULO:

A este tema lo abordaremos más ampliamente en el capítulo 3, sin embargo, pensando en el tema de tu maleta ministerial, piensa que el programa bíblico que definas para los niños de la mano de los pastores principales o del equipo pastoral, es nada más y nada menos que la base que formará en ellos el carácter de Cristo y su resultado serán vidas de niños transformadas por la Palabra de Dios.

Al determinar tu currículo puedes tener varias opciones:

1. Acudir al mercado editorial y buscar materiales ya creados. Esto puede simplificar tu trabajo. Sin embargo, con el tiempo vas a encontrar que el material creado no logra satisfacer del todo las necesidades de los niños de tu iglesia.

2. Dar el paso y crear tu propio material. Esto implica un mayor trabajo y una mayor demanda de tiempo y energía. La ventaja es que se garantiza que la instrucción que llega a los niños procede directamente de la línea doctrinal de tu iglesia y del mismo conocimiento de las necesidades de los niños que pastoreas.

3. Determinar un trabajo mixto en el cual sumas a materiales disponibles en el mercado clases hechas por tu propia iglesia.

Un currículo es en esencia un conjunto de clases que responden a un mismo temario o concepto macro y que se distribuyen a lo largo de un periodo de tiempo. Algunas ideas de currículos pueden ser:

	TEMA	CLASES	TIEMPO
1.	Alabanza y Adoración	Dios recibe mi adoración. ¿Por qué adorar? ¿Qué ha hecho Dios? Adoro con todo a Dios. Su nombre es poderoso	5 lecciones para 5 fines de semana.
2.	Nombres de Dios	El Eterno El Shadday El Olam El Elyon Shalom El Roi	6 lecciones para 6 fines de semana

3.	Milagros de Jesús	Calma la tormenta Resucita al hijo de la viuda de Naín. Multiplica los panes y los peces Da vida a Lázaro Sana al ciego Bartimeo Agua en vino en Caná de Galilea Camina sobre el mar	7 lecciones para 7 fines de semana.
4.	Héroes de la Fe	Abraham obedece Noé no se rinde Abel da lo mejor Moisés avanza Josué conquista José perdona Rahab hizo lo correcto	7 lecciones para 7 fines de semana
5.	Amamos a la iglesia	Jesús va al templo Jesús enseña en el templo Pablo predica en Éfeso Pablo enseña en Pafos. Pablo en Listra Una iglesia en Filipos Sirve en tu iglesia Ama a la iglesia de Dios Jesús vuelve por su Iglesia.	9 lecciones para 9 fines de semana

Los anteriores ejemplos te permiten ver cómo pasas de determinar los grandes temas de enseñanza para los niños, a abrir la Biblia y comenzar a determinar los títulos de las lecciones que puedes luego crear para ellos con base en la Biblia. La selección de los títulos y de las lecciones guarda relación con lo que sabes que los niños de tu iglesia viven y necesitan. Por ejemplo, si adviertes que para muchos de ellos el tema de ir a la iglesia no es claro, idear todo un temario acerca de cómo Dios plantó, defiende y ama a la iglesia con base en el libro de Hechos te va a ayudar mucho.

El sentido de esto es tener una planeación ordenada, clara y sistemática que lleve a los niños en un viaje doctrinal correcto y no que improvises lecciones con ellos que a la larga te dejan a ti cansado y que aporten poco al crecimiento de su fe.

RECURSOS DE APOYO O DIDÁCTICOS

Lo lindo de ser niño es la gran capacidad de sorprenderse con los colores, formas, tamaños, imágenes y pasar el tiempo mezclando el aprendizaje con el juego.

En el ministerio de niños todo sirve. Reciclar es muy importante. No se requieren grandes sumas de dinero para crear cosas muy llamativas y de alta calidad para los niños. En América Latina tenemos que dejar a un lado dos poderosas mentiras que nos poseen:

- "No hay".

- "Eso cuesta mucho dinero".

¡Claro que sí! No hay, pero Dios da.
¡Claro que sí! Eso cuesta mucho dinero, pero yo puedo hacer más con menos.

SI NO HAY, DIOS ES PROVEEDOR. DIOS ES EXPERTO EN CONVERTIR UNA TIENDA DE CAMPAÑA EN EL DESIERTO EN UN LUGAR GLORIOSO PARA SU PRESENCIA.

Si no hay, Dios es proveedor. El provee sueños, ideas y formas muy creativas para hacer clases con pocas monedas. Usa la creación, envases plásticos, cajas de cartón, materiales de desecho, empaques de alimentos, tapas, ¡usa todo lo que puedas! Por encima de todo, usa los dones de personas muy hábiles en tu iglesia para transformar materiales descartados en grandes recursos para la iglesia.

En toda iglesia hay por lo menos un artista capaz de hacer cosas increíbles. Acude a los artistas de tu iglesia y lánzales proyectos. Hay más dones de los que te imaginas. También en internet vas a encontrar muchas páginas poderosas sobre reciclaje y transformación de elementos.

Después tantos años sirviendo con niños hemos descubierto esto: los niños no se asombran tanto con lo comprado como con lo creado.

LUGAR FÍSICO

De la misma manera que el número de servidores nunca parece ser suficiente, el número de salones y espacios con que cuentan las iglesias infantiles pareciera no alcanzar.

A lo largo de nuestro tiempo sirviendo con niños (hablan Henry y Adriana) hemos dado clases en cocinas, debajo de árboles, en escaleras, en parques; y en cualquier lugar donde Dios lo dispuso. El punto es este: no hagas del espacio físico una frustración o un motivo de queja. Por el contrario, aprende a dar clases en cada lugar donde se pueda enseñar a un niño.

Con esto en mente, sabemos que Dios es fiel en responder a este principio; finalmente Él es el dueño de su iglesia y a nosotros nos corresponde ser fieles en lo poco para ver lo mucho de Dios. Independientemente de las necesidades de espacio físico o de las restricciones en locaciones o financieras que pueda tener tu iglesia local, ten presente las siguientes recomendaciones:

Sea cual sea el espacio que tengas asignado:

- *Haz de ese espacio el lugar más seguro posible.* Evalúa riesgos al recibir a los niños en ese espacio y desarrolla un plan para mitigar esos riesgos y evitar accidentes, amenazas, peligros o cualquier motivo de inseguridad para los niños.

- *Ten un plan de aseo permanente.* Que el lugar siempre esté aseado y en las mejores condiciones de salubridad. Puede haber jornadas de esterilización de juguetes, colchonetas y salones una vez por semana; y una brigada planeada de aseo entre reunión y reunión de niños.

- Hay cosas que no necesariamente "necesitas" para poder operar. Hay iglesias que han tomado la política de no tener sillas dentro de los salones porque para ellos el piso es el mejor lugar para sentarse (tanto niños como profesores). No te sugerimos que sigas esa política, solo te damos este ejemplo para que pienses que nuestra mente es especialista en detectar necesidades de cosas que realmente no necesitamos. Las sillas no son indispensables. De hecho, en muchos casos son un estorbo.

- Desarrolla con los niños un plan de gratitud por su iglesia. Llévalos a amar y dar gracias por lo que Dios les ha dado y por la libertad que tienen de poder reunirse en ese lugar.

- Cuando Dios te permita conquistar un nuevo espacio vincula a los niños en esa conquista. Háblales de la fidelidad de Dios al proveer algo nuevo para su casa y de la forma en la que todos vamos a cuidar ese regalo que Él nos da.

Debes creer que tengas lo que tengas o necesites lo que necesites, "el cielo es el límite". Dios es experto en convertir una tienda de campaña en el desierto en un lugar glorioso para su presencia; una tumba de sepultura en el lugar de resurrección; una montaña en el mejor auditorio para el sermón del monte y nuestras iglesias en un lugar poderoso para extender su evangelio a la siguiente generación.

3.4. EL RESPALDO DE LA AUTORIDAD DE LOS PASTORES.

No inicies este viaje sin antes estar seguro de que tu maleta está llena del respaldo del pastor principal de tu iglesia. No puede existir un ministerio de niños fuera de la visión pastoral de toda la iglesia y el ministerio de niños no puede tener una visión distinta a la de la iglesia principal. Ten presente que siempre el ministerio de niños es parte de algo mucho más grande y que Jesús nos llamó a permanecer en unidad.

¿Cómo lograr ese respaldo? Hay un camino muy claro:

- *Ora*: Todo lo que Dios ha colocado en tu corazón para los niños debe ser también puesto por Él sobre tu pastor principal. En la Biblia encontramos a un Dios que se mueve en orden siempre. Los discípulos tenían grandes ideas para establecer un reino terrenal y Jesús siempre tenía que recordarles la misión de construir un reino espiritual. Uno de los pocos casos en la Biblia en la que una persona servidora da una visión a una persona de mayor autoridad está en 2 Reyes capítulo 5, con el caso de Eliseo, Naamán y la niña esclava que Dios usa. Lo interesante incluso es que la niña es usada para dar buenas nuevas a Naamán, y coloca a este gran general del ejército del rey de Siria en manos de una autoridad superior, la del profeta Eliseo. ¿Por qué te contamos esto? El Reino de los cielos no consiste en tener la razón y hacer las cosas según mi visión personal; el reino de los cielos consiste en predicar buenas nuevas y hacerlo totalmente sujetos a la autoridad que Dios ha puesto sobre nosotros. Si Dios te ha dado una visión para el trabajo con niños, ora para que Él mismo la coloque también en tu cabeza ministerial.

- *Demuestra fidelidad en las cosas pequeñas*: Los grandes cambios se construyen con pequeñas obras. Si no obedecemos en lo poco, no estamos listos para el crecimiento.

- *Sé de ayuda*: El ministerio de niños es un ministerio de ayuda. Ayudamos al pastor principal, ayudamos a los papás, ayudamos obviamente a los niños y por, sobre todo, ayudamos a la iglesia en general para que pueda poner la visión pastoral de los más pequeños en nuestras manos. No podemos convertirnos en un ministerio de exigencias, reclamos, quejas, divisiones y conflictos; cuando eso pasa, simplemente dejamos de ser un ministerio.

¿Qué hacer cuando el pastor principal te está dando el respaldo que necesitas?

- Organiza: realmente da orden al ministerio. Planea, capacita y ejecuta sin quejarte.

- Administra un presupuesto financiero fijo y ahorra para poder luego reinvertir en más.

- Valora la autoridad de tu pastor, respaldando sus decisiones ante los padres, los niños y tu equipo de servidores.

- Apoya la visión general de la iglesia, aun cuando se tomen ciertas decisiones que sientas que no te convengan.

Presta mucho cuidado a esto: el no honrar y no apoyar a la visión pastoral de tu iglesia es el peor error que puedes cometer sirviendo con niños. Te vas a dar cuenta de que has creado una iglesia de pequeños niños rebeldes, todo porque los niños aprendieron el mismo sentir espiritual de quienes los estaban liderando. La rebeldía es altamente contagiosa y nunca termina bien. ¿Te acuerdas de Coré, Datán y Abiram en el libro de Números? Su rebelión contagió a miles, y el resultado fue terrible (Numeros 16:1- 50).

RECURSOS ADICIONALES EN WWW.E625.COM/LECCIONES

CAPÍTULO

¿CÓMO VAMOS A VIAJAR?

Al responder esta pregunta, vas a poder dar una estructura clara al servicio con niños.

Lo que contamos a continuación cuenta con la autorización de la iglesia que nos invitó (hablan Henry y Adriana). Una vez visitamos una iglesia en donde nos pidieron apoyo y dirección. Al ingresar a zona de niños encontramos un espacio amplio, una mini tarima con una pantalla de fondo para la proyección de videos, varios profesores repartidos a lo largo del auditorio hablando entre ellos y sillas colocadas en el lugar buscando delimitar espacios. De un momento a otro alguien dio la orden para que ingresaran los niños y a partir de ese momento, todo cambió. De repente vi niños correr sin parar de pared a pared, profesores persiguiendo niños, niños subidos en la espalda de dos profesores jugando "caballito" y la temible palabra *caos* reinando.

Preguntamos a la persona a cargo cuál era el objetivo de ese momento de ingreso y ella muy ágilmente nos respondió: "¡Queremos cansarlos! Este es el momento en que ellos sueltan toda la energía que tienen y los cansamos para luego sí iniciar la reunión".

Consideramos que era importante hacer muchos ajustes. Todo parte de una palabra que creemos que no tiene relación con los niños y la diversión pero que realmente es muy poderosa en el ministerio de niños: "*estructura*". Sin una estructura clara, el caos reina. Los niños se adaptan muy fácilmente al ambiente que los rodea. Si hay caos a su alrededor, ellos se comportarán de manera caótica; pero si hay orden, reglas de juego claras y una actividad focal que los atraiga, inmediatamente se organizarán y despertarán su atención, por lo menos en la mayoría de los casos.

No pienses que los niños se van a cansar y en ese momento van a prestarte atención. Los niños son incansables. De hecho, cuando los niños están cansados, deben estar en casa. La expresión de cansancio en ellos es aburrimiento, fastidio, llanto, desesperación. En la iglesia no podemos cansar a los niños, ¡todo lo contrario! Estamos llamados a despertar su espíritu y trabajar poderosamente con ellos conquistando su fuerza y canalizando toda su atención hacia lo increíble que les vamos a enseñar.

Despierta su atención por medio de una estructura de trabajo clara, sencilla y motivante para ellos.

Esta es la propuesta: desarrolla la estructura del tiempo que vas a tener con los niños en la iglesia, define la hora, la actividad, el objetivo, el lugar y el responsable y muy fácilmente estarás ante una estructura de trabajo.

En la iglesia local donde pastoreamos en Bogotá (hablan Henry y Adriana) seguimos la siguiente tabla de trabajo o *check list* de actividades:

IGLESIA INFANTIL:

Reunión 9:00 a.m.

Previo al ingreso de niños:

HORA	ACTIVIDAD	OBJETIVO	LUGAR	RESPONSABLE
8 - 8:10 am	Llegada de Servidores	Bienvenida. Sus cosas en casilleros.	Puerta principal y zona de casilleros.	Coordinador del día.
8:10 a 8:25	Oración y Biblia	Ministra la clase al equipo de profes.	Auditorio de Niños	Pastor de Niños.
8:25 a 8:30	Desplazamiento a puestos	Todo el equipo listo cubriendo posiciones	Puerta de ingreso, Auditorio de Niños.	Coordinador del día.

8:30	Recepción de niños	Pastor en tarima dando bienvenida, niños ya registrados entrando.	Puerta de ingreso, Auditorio de Niños.	Coordinador del día, equipos de anfitriones. Pastor en tarima.
8:30 - 9:00	Ingreso de niños, actividad de ingreso	Niños ingresando a la iglesia en registro y niños ya registrados en actividad de bienvenida: Rueda video.	Puerta de ingreso, Auditorio de Niños.	Equipos de anfitriones, profesores, pastor de niños, servidor de micrófono y envío de video.

La tabla anterior, nos permite ordenar la casa antes que los niños entren. Se define claramente el qué, el dónde, el quién, el por qué y el cuándo. Tener esto en mente hace que los servidores tengan clara la importancia de llegar a tiempo, le da visión de lo que va a ocurrir, los ubica en el momento exacto para desempeñar el rol preciso y en caso que algo falle permite detectarlo a tiempo para poder anticiparse y tener un plan B de acción.

Ahora, miremos el mismo modelo para el desarrollo de la reunión de niños como tal.

IGLESIA INFANTIL:

Reunión 9:00 a.m.

Desarrollo de la Reunión:

HORA	ACTIVIDAD	OBJETIVO	LUGAR	RESPONSABLE
9:00 - 9:05	Saludo a los niños y oración.	Dar inicio a la reunión en alabanza y adoración.	Auditorio Principal de Niños.	Pastor: preside. Equipos de profes: distribuidos entre los niños.

9:05 a 9:25	Alabanza y Adoración.	Adorar.	Auditorio de Niños: tarima, cabina de producción.	Pastor de Niños, líder de alabanza en tarima. Equipo de producción en cabina. Profesores: adorando con los niños.
9:25 a 9:35	Sketch Teatro	Introducción al tema del día. Presentar la verdad del día.	Auditorio Principal	Pastor de Niños, Equipo de Actores. Profes en medio de los niños.
9:35 - 9:40	Desplazamiento de niños a salones.	Pastor en tarima enviando a los niños en orden.	Auditorio (salida) Salones (ingresan niños).	Coordinador del día, equipos de profesores. Pastor en tarima.
9:40 a 10:20	Clases Bíblicas.	Niños en salones recibiendo clases.	Salones de Clases.	Equipos de profesores.

Durante la reunión la estructura logra que los niños conozcan la rutina del día. Eso tiene un efecto poderoso en su necesidad de seguridad. Igualmente, ten presente que siempre hay un pastor o una figura de dirección al frente guiando a los niños. Debes evitar que los niños queden sueltos sin nadie a quién seguir. Debe haber persona probadas con el tono, la gracia y la habilidad para hablar a los niños de forma "masiva" o general y captar su atención en todo tiempo. El objetivo de los profesores en medio de los niños acompañando es también motivarlos a seguir con las actividades que desde el centro de la tarima se están dirigiendo. La misión de los profesores es detectar a los niños que no se están conectando con la actividad y ayudarlos a lograrlo.

Un tercer momento muy importante en un servicio o culto con niños es el momento de la entrega a los papás. Debe ser un proceso de mucha atención por cuanto ahí garantizamos (junto con la entrada) la seguridad de los niños que entraron a la reunión. Este proceso lo puedes encontrar en el siguiente check list:

IGLESIA INFANTIL:

Reunión 9:00 a.m.

Entrega de los niños a papás:

HORA	ACTIVIDAD	OBJETIVO	LUGAR	RESPONSABLE
10:20-10:25	Fin de clases. Repartición refrigerios.	Niños listos para entrega a papás.	Salones de clases.	Coordinador del día, profesores, equipo de refrigerios.
10:25	Apertura de puertas a papás.	Papás ingresan a la sede a buscar sus hijos en salones.	Puerta de salida y Salones.	Coordinador del día.
10:25 - 10:50	Tiempo de entrega de niños.	Papás en puertas de salones recogiendo sus hijos. Revisión de manillas de seguridad.	Salones de niños.	Coordinador del día, equipos de profesores, equipos de anfitriones.
10:50	Todos los niños entregados	Verificar que todos los niños han sido entregados.	Salones de Niños.	Coordinador del día, equipos de anfitriones. Pastor en tarima.
10:50 - 11:00	Evaluación del día.			

La definición clara de los tres momentos anteriores (preparación e ingreso, desarrollo de la reunión y entrega a papás), permite que puedas determinar la mejor administración de los recursos que tienes y cubrir de la mejor forma posible las necesidades de los niños. *Es el arte de ubicar a las personas correctas en el momento correcto, en el lugar correcto.* La estructura también te ayuda mucho a evitar que una sola persona tenga que hacer muchas actividades y puedas avanzar hacia lo clave: la creación de equipos de trabajo, cada uno encargado de una parte específica del ministerio.

PLANEA LAS PARADAS DEL VIAJE: LAS TRANSICIONES

Todo viaje necesita paradas de descanso. Cuando paras en una estación y te subes de regreso al autobús para volver a iniciar el recorrido, no puedes retomar hasta que estés seguro de que nadie se quedó extraviado en la estación. En este viaje todos vamos juntos y todos y cada uno de los niños que van contigo en el autobús no se te pueden quedar extraviados en ninguna estación. Esto también aplica para los voluntarios y el equipo que Dios te entrega.

TENEMOS QUE SER SENSIBLES Y ESTAR LISTOS PARA ENFRENTAR LOS CAMBIOS DE EDADES DE LOS NIÑOS, LAS TRANSICIONES

¿Qué quiere decir eso? Tenemos que ser sensibles y estar listos para enfrentar los cambios de edades de los niños, las transiciones.

DE BEBÉS A NIÑOS

El ministerio de niños debe empezar a funcionar una vez que el niño está listo para desprenderse de los papás e ir a un espacio nuevo para él como lo es la iglesia infantil. Mientras el niño sea realmente un bebé, nuestro trabajo como iglesia se debe ser concentrarnos en proveer un espacio cómodo, independiente y adaptado para que los papás participen de la reunión principal de la iglesia de la mano de su bebé.

Sabemos que algunas iglesias se manejan con salas cunas y reciben al bebé junto con las pañaleras, los pañales, los teteros o mamaderas, etc., y cuidan los cuidan sin la presencia de los papás mientras ellos participan de la reunión. Si el cuerpo pastoral de la iglesia tiene a bien trabajar de esta forma, solamente recomendamos tener presente algunas pautas muy importantes.

- Hay que ser altamente consciente de la responsabilidad que implica recibir bebés sin sus papás en la iglesia.

- El equipo humano responsable debe ser muy bien calificado, entrenado y supervisado. En iglesias de tamaño medio y grande es importante que esa zona tenga habilitadas cámaras de vigilancia y que los servidores sean conscientes de que van a ser filmados todo el tiempo.

- El espacio físico debe contar con normas claras de aseo, asepsia y control de virus y enfermedades. También debe ser cómodo y la debe haber cunas individuales para cada bebé.

- Cada pastor debe conocer muy bien las guías de atención médica y manejo de emergencias al igual que las recomendaciones de las autoridades de salud pública en la zona donde reside para el manejo de zonas o espacios con bebés.

- Se recomienda en muchos casos que exista un servidor por niño (máximo dos bebés por servidor) y que sean exclusivamente mujeres.

Considerando el alto riesgo y el manejo tan estricto que una zona así merece, en nuestra iglesia (habla Adriana) hemos decidido crear un espacio para los bebés en el cual no haya desprendimiento de los papás, sino en el que éstos participen de la reunión por transmisión en vivo a través de pantallas de TV. Estas áreas pueden consistir en tres salones: una para papás con bebés de brazos, otra para papás con bebés gateadores y otra para papás con niños ya caminantes. Como te imaginarás, el salón que más atención requiere es el de los que ya caminan; esta edad es clave porque los niños no se quieren estar sentados quietos, sino que van a explorar todo a su alrededor. En ese salón se requiere el apoyo de profesores que ayuden a los papás a cuidar de los niños mientras participan del servicio por pantalla.

Una vez que el niño ya controla esfínteres y ha tenido experiencias de desprendimiento en el jardín infantil (entre los 3 y 4 años de edad), puede estar más preparado para ingresar a la iglesia de niños, despidiéndose de sus papás e ingresando independientemente a la iglesia. Esto no es una ley que se pueda generalizar. Hay niños mucho más independientes y confiados que otros. Aquí es donde las palabras transición y pastoreo se unen.

En nuestro viaje no se pueden quedar familias sin subir al autobús porque sus hijos no logran ese desprendimiento. El desafío como ministerio está precisamente en dar toda la confianza y seguridad tanto al niño como al papá en que todo va a estar bien y que la iglesia está lista para colaborar con esa despedida en la puerta del área de niños. Así buscaremos que el niño entre confiadamente e hijos y padres, tengan la mejor experiencia posible en la iglesia.

La transición de bebés a niños en la iglesia es una transición a la que pastoralmente hay que prestarle atención. Muchas veces (no siempre), las inseguridades en los bebés se relacionan con situaciones complejas en las familias. Los niños en ambientes de peleas familiares, los que ya desde muy temprana edad viven las rivalidades del divorcio de sus padres y los que viven en ambientes hostiles, van a expresar con inseguridades, llanto, temores y miedos todo lo que viven en casa. En ese momento el ministerio de niños se transforma en un canal de ayuda y soporte a los papás. La excusa es el ingreso del niño a la iglesia, pero detrás de eso hay toda una familia que necesita ayuda pastoral.

DE NIÑOS A PREADOLESCENTES

Esta es otra de las grandes transiciones a las que hay que prestar mucha atención. Llega el momento en el que el currículo de la iglesia infantil y las actividades que se desarrollan llegan a ser "infantiles" y casi irrelevantes para unos muy importantes personajes en nuestra iglesia conocidos como los preadolescentes.

La iglesia de niños es un lugar dinámico que debe cambiar conforme cambian las edades de los niños. Segmentar por edades es la clave. No es sabio mezclar en las mismas actividades niños de 5 años con niños de 11 años. Su desarrollo, necesidades, conocimiento, habilidades, cosmovisión, son *totalmente* diferentes. Nos corresponde diseñar una iglesia que sea relevante para las diferentes edades de niños que recibimos y entender que hoy, desde los 9 años promedio, los niños entran en una etapa nueva de desarrollo en la que día a día empiezan a abandonar la niñez, aun cuando en muchos aspectos siguen siendo niños.

Nos corresponde hablarles en otros términos mucho más "prejuveniles" y aprender a conocer sus necesidades, motivaciones, oír sus experiencias y estar atentos a su desarrollo. Si no somos sensibles a eso y los tratamos como niños en los contenidos, actividades y ambiente que les ofrecemos, la iglesia se torna en un lugar irrelevante en donde no se van a sentir aceptados, y lo peor es que no lo van a decir.

Cada etapa es una preparación para la siguiente:

Un gran adolescente, es el resultado de un preadolescente entendido y aceptado. Un preadolescente entendido y aceptado es el resultado de un niño cuidado y pastoreado.

Un niño cuidado y pastoreado es el resultado de un bebé protegido y amado.

Las etapas en los primeros años de vida pasan realmente rápidamente y cada etapa es la antesala a grandes cambios y nuevos desafíos. Segmenta tu iglesia y habla a los niños de acuerdo con la etapa de desarrollo en la que se encuentran. Ese es el mejor secreto en las transiciones.

Cuando logras construir una iglesia de niños que entiende las diferencias en el desarrollo, vas a armar un equipo de servidores, una estrategia y un currículo especial para los niños que ya pronto serán preadolescentes. Las verdades bíblicas son siempre las mismas, lo único que cambia es la forma de presentarlas a tu público dependiendo de los rangos de edad.

En esta edad ellos ya necesitan lecciones claras de apologética (defensa de la fe), necesitan respuestas para el dolor que hay alrededor, necesitan entender el beneficio de ser diferentes y tener herramientas para enfrentar la presión en sus colegios y en sus casas. Al mismo tiempo necesitan poder disfrutar la iglesia, hacer buenos amigos, ser amados y empezar a reconocer figuras de liderazgo a las que quieran seguir. Y por sobre todo, necesitan sentirse amados y bien recibidos en la casa de Dios.

¿Cómo preparar entonces la transición?

La siguiente es una idea basada en la forma en la que lo hacemos en la iglesia local en la cual pastoreamos (habla Henry). Que te sirva como inspiración, pero no como modelo. Este plan de acción es importante que lo construyas de la mano del equipo pastoral de la iglesia a la que perteneces. Simplemente prepara la transición respondiendo a las siguientes preguntas:

1. ¿De dónde venimos? Venimos de la iglesia infantil, que en nuestro caso llega hasta los 12 años cumplidos.

2. ¿Qué ha pasado con ellos allí? Tienen una clase de 11 años en la cual trabajan por equipos pequeños el tema del día. Tienen un auditorio especial en donde la alabanza y adoración es dirigida para ellos con una guitarra, un piano y un director de alabanza de no más de 20 años. Tienen un equipo de profesores que son los mismos líderes de los grupos de adolescentes que tenemos en la iglesia. El objetivo de esto es que desde ya conozcan a los futuros líderes de los grupos a los que queremos que empiecen a asistir una vez que terminen su ciclo en la iglesia de niños.

3. ¿Cuándo deben salir de la iglesia de niños? Cuando cumplan 12 años. No antes y no después.

4. ¿A dónde los queremos llevar? A los grupos conexión (grupos celulares) que tenemos en la iglesia. La "iglesia grande" ha abrazado también el principio de la segmentación y tenemos grupos conexión por redes de edades de esta forma: Adolescentes Junior (12 a 14 años), Adolescentes Senior (15 a 17 años) y Universitarios (17 a 23 años). Nuestro objetivo es que los niños que salen de la iglesia infantil se conecten a uno de los grupos de la red de Adolescentes Junior. Adicionalmente, ellos ya empiezan a asistir a las reuniones de la iglesia principal.

¿Cómo los llevamos allá? Construimos un puente de la mano de los papás. Ese puente se llama el día del *Teenager*. En el año, determinamos los días específicos en los cuales vamos a graduar niños a la iglesia de adultos. Usualmente lo hacemos el último fin de semana de marzo, junio, septiembre y noviembre. Ese día, invitamos a los niños que están próximos a cumplir 12 años a no entrar a la clase de 11 años, sino a una clase especial que hacemos para ellos. Les presentamos un video muy motivador de todo lo que hacen los adolescentes en la iglesia, los grupos para ellos, les hablamos de lo especial que es crecer y al final de la reunión el pastor de niños los bendice, les da un pequeño regalo (un Nuevo Testamento) y los gradúa oficialmente.

Los profesores tienen la misión de contarles a los papás lo que ocurrió ese día y darles el teléfono de la iglesia para que entre semana nos llamen para darles todas las opciones de grupos que hay para que empiecen a llevar a sus hijos. Igualmente, durante dos meses hay personas de nuestra iglesia que están pendientes de llamar a los papás y verificar que los muchachos hayan empezado a asistir al grupo y que todo vaya bien. Ese día de graduación y el posterior trabajo de tele-pastoreo es el puente que creamos para llevarlos de la iglesia de niños a la iglesia adulta. Actualmente, el setenta por ciento de los niños que salen de la iglesia infantil se conectan y siguen su ciclo en la iglesia. Es un indicador bueno pero no es el que queremos. ¿La razón? El conectar a los hijos a los grupos celulares implica para muchos papás el compromiso de dejar de ser solo asistentes y volverse parte activa de la iglesia. Como lo sabes, esa es la gran decisión que muchos asistentes a la iglesia posponen.

En esta transición se nos van a quedar personas afuera de este increíble viaje. Pero ten la seguridad ante Dios de que hiciste todo lo posible de tu parte para evitar que alguien se quede en el camino.

Finalmente, haciendo las transiciones encontramos un secreto muy poderoso en el Reino de los cielos. Te lo resumimos en esta frase: "Una generación sirviendo a la siguiente".

Los mejores profesores de niños con los que actualmente contamos son los adolescentes. Una vez los adolescentes se conectan a grupos inician su proceso como miembros activos en nuestra iglesia. Van a un encuentro especial para ellos, se bautizan, tienen su tiempo de formación bíblica y discipulado y luego son enviados para servir en alguno de los ministerios de la iglesia. Esto es lo poderoso. Uno de los ministerios que ellos más eligen para servir es la iglesia de niños. ¡Quieren regresar a la iglesia de donde salieron sólo que ahora como servidores!

Los niños aman a sus profesores adolescentes. Los ven cercanos, los escuchan y siguen muy bien las instrucciones y actividades que les proponen. Esos adolescentes siendo profesores son a su vez liderados por profesores mayores que se encargan de supervisarlos en el trabajo con niños, conocerlos y darles herramientas para su servicio y también para la vida. La generación de profesores mayores sirve a los adolescentes y los adolescentes sirven a los niños: una generación sirviendo a la siguiente, ¡qué poderoso es Dios en su iglesia: hay espacio para todos! Las transiciones no van a hacer que tantos se queden afuera del viaje cuando todos somos útiles en la casa de Dios.

> LOS BACHES DEL CAMINO <

ACHICA LA PUERTA

Cada vez que vamos a apoyar iglesias de niños nos encontramos con los mismos desafíos: ¿cómo lograr que los servidores quieran servir con niños? ¿Cómo obtener recursos y materiales? Casi todos los que lideran el ministerio de niños en las iglesias locales tienen los mismos inconvenientes. No te podemos dar una fórmula única para asegurarte servidores y recursos, pero sí una gran idea que te puede ayudar mucho.

CUÉNTALE A TU IGLESIA CÓMO AL ENTRAR POR UNA PUERTA PEQUEÑA VAN A ENCONTRARSE ADENTRO CON UN GRAN REY QUE VINO A ENSEÑARNOS A SER COMO NIÑOS.

Muchos van a querer hacer el mismo viaje que tú amas hacer. Tú amas este viaje simplemente porque sabes que es lo mejor que puedes hacer con tu vida e inspiras a otros con tu pasión para que también lo hagan. Si tú lo descubriste ayuda a otros a descubrir el gran valor que hay en servir con los niños. ¡Algo mucho mejor que un increíble crucero por el Caribe nos está esperando!

Al llegar a este punto, Dios nos guío a hacer esta oración por ti:

"Señor, levanta alrededor de cada persona que con corazón genuino te quiere servir, todas las personas que les van a ayudar a cumplir la misión de salvación para muchos. Fortalécelos, rodéalos, úsalos y añade obreros a su terreno. Que tu reino se establezca en cada iglesia que clama por ser el mejor lugar de pastos buenos y añade más pastores a tu obra conforme a tu corazón".

Un día muy especial Dios nos permitió visitar la iglesia de la Natividad en Belén (habla Henry). Nos encontramos con una puerta de ingreso muy pequeña. Para pasar por ella teníamos que agacharnos y el riesgo de golpearnos la cabeza era alto porque la puerta era realmente pequeña (baja). Esa puerta inspiró uno de los poemas más hermosos de Miguel de Unamuno:

> "*Agranda la puerta, Padre*
> *porque no puedo pasar; la hiciste para los niños*
> *Yo he crecido a mi pesar.*
> *Si no me agrandas la puerta, achícame por piedad*
> *vuélveme a la edad bendita*
> *en que vivir es soñar*".

SI TÚ LO DESCUBRISTE AYUDA A OTROS A DESCUBRIR EL GRAN VALOR QUE HAY EN SERVIR CON LOS NIÑOS

Necesitamos iglesias con puertas más pequeñas para que los que entremos recordemos que son los niños y los que tienen corazón de niños (sencillo, limpio, humilde, lleno de fe) los que lo rodean a Él. Jesús es la persona principal en tu equipo simplemente porque Él verdaderamente ama a los niños y lo dio todo para que podamos entrar por la puerta de su iglesia; recuerda que nos corresponde "achicarnos".

Cuéntale a tu iglesia cómo al entrar por una puerta pequeña van a encontrarse adentro con un gran Rey que vino a enseñarnos a ser como niños. Motiva con tu vida y te sorprenderás de la forma cómo Jesús añade personas, recursos y gracia.

Preguntas:

- ¿Qué ajustes necesitas hacer en la estructura de tu iglesia de niños? ¿Cuáles son esas áreas que necesitas planear mejor?

- ¿Cómo te imaginas a los niños de tu iglesia infantil? ¿Qué tienes que hacer para poder verlos así? ¿Cómo lo vas a lograr

¿Quiénes son las personas clave con las cuales tienes que hablar para poder hacer un mejor trabajo de planeación en tu iglesia? ¿Qué les tienes que decir?

RECURSOS ADICIONALES EN WWW.E625.COM/LECCIONES

> SECCIÓN <

INSTRUCCIONES PARA UN VIAJE SEGURO

> "LOS APÓSTOLES SE REUNIERON CON JESÚS Y LE CONTARON LO QUE HABÍAN HECHO Y ENSEÑADO. ERA TANTO EL GENTÍO QUE ENTRABA Y SALÍA QUE APENAS LES QUEDABA TIEMPO PARA COMER. POR ELLO JESÚS LES DIJO: APARTÉMONOS DEL GENTÍO PARA QUE PUEDAN DESCANSAR. PARTIERON, PUES, EN UNA BARCA HACIA UN LUGAR DESIERTO".
> MARCOS 6:30-32

Cuando los discípulos regresaron de cumplir su misión, Jesús se apartó con ellos para llevarlos a descansar. Llevar a cabo la obra del Señor es algo muy importante, pero Jesús reconocía siempre que hacer una obra eficaz para Dios requiere alimentación a tiempo, descanso y recuperación de fuerzas. ¡Pero no siempre les fue fácil comer y descansar cuando lo necesitaban pues las multitudes los seguían y demandaban cuidado!

De la misma manera, en nuestro viaje no será fácil encontrar el alimento físico y espiritual correcto, en el momento correcto o poder llevar a un equilibrio correcto de cuidado, comunicación y descanso a todo tu equipo, pero la clave de esta parte del libro es que veamos cómo podemos esquivar esos desgastes peligrosos, o vacíos en el camino que pueden enfermarte a ti y a tu equipo.

CAPÍTULO

KIT DE PRIMEROS AUXILIOS: CUIDADO PASTORAL

Estas son algunas prácticas cruciales para tu desempeño pastoral:

1) COMUNICACIÓN

CADENA DE COMUNICACIÓN CON EL EQUIPO

Si quieres un equipo que crezca saludable es indispensable llevar contigo herramientas que contribuyan a la buena comunicación. Generalmente somos buenos pasando información pero no somos buenos comunicando. La comunicación requiere dos vías, dos personas que hablan y escuchan; en cambio la información solo requiere alguien que habla y habla, pero que no está interesado en escuchar.

Muchas veces tu equipo recibe, recibe y recibe información, pero no es escuchado, o no hay esa continua doble vía de retroalimentación.

CADENA DE NIEVE

Una de las herramientas clave es la "Cadena de Nieve". Es una herramienta de comunicación conocida empresarialmente como la Cadena de Suministros de Gestión, donde la clave no es solo hablarles a los demás de un tema específico, sino es saber expresarse de tal manera que se pueda trasmitir la idea planteada y con claridad asegurando así una retroalimentación. Esto se logra a través de la creación de una estructura de flujo de información que va y viene en orden de autoridad.

Por ejemplo, para nosotros funciona de la siguiente manera para asegurarnos de que lo que queremos transmitir, ya sea administrativo o de crecimiento espiritual, llegue con la misma calidad a todos los niveles para asegurar un crecimiento homogéneo:

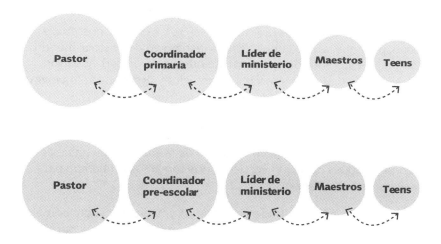

2) CHEQUEOS AL CORAZÓN

El Salmo 139:23-24 dice: "Examíname, Dios, y conoce mi corazón; pruébame y conoce mis pensamientos. Señálame lo que en mí te ofende, y guíame por la senda de la vida eterna".

Así como es importante antes de salir de viaje chequear las condiciones de nuestro, también en nuestro viaje ministerial estos "chequeos" son valiosos y nos permiten monitorear el corazón de nuestro equipo, prevenir divisiones o conflictos, y asegurarnos del crecimiento de cada uno de sus miembros.

Nuestra líder de alabanza Nancy Jara (habla Sandy), inició hace un tiempo los Chequeos al Corazón, una estrategia de prevención para lograr equipos espiritualmente más sólidos. Su visión/meta era lograr un crecimiento saludable y un equipo fuerte y unido.

Se comenzó con los Chequeos al Corazón para:

1. Poner a todo el equipo en la misma página con respecto a ciertos temas y valores que la Palabra nos da para caminar en unidad.

2. Asegurarnos de que todo el equipo está haciendo su parte, obedeciendo individualmente la Palabra de Dios para contribuir al avance del cuerpo.

3. Facilitar un espacio donde los miembros del equipo puedan abrir su corazón, expresar sus opiniones, sus batallas y sus victorias.

Es importante que la Palabra nos muestra que el Señor oró por nosotros y por la unidad, para que seamos uno y demos testimonio de Cristo al mundo. (Juan 17:20-21). Si Jesús consideró importante orar por la unidad, nosotros debemos trabajar de manera intencional, estratégica y organizada para lograr esa unidad que le permitirá al mundo creer que Jesús es el hijo de Dios.

¿Cómo lo hacemos? Con una reunión mensual en la que tenemos tiempo para:

1. Estudiar por treinta minutos un versículo de la Palabra que hable de la *unidad*. Después de leer el versículo, nos tomamos un tiempo para reflexionar sobre el tema.

2. Abrir el corazón: aquí es donde nos abrimos y hablamos sobre cómo podemos aplicar el concepto del versículo al equipo. Unos reconocen que batallan, otros opinan y otros solo escuchan.

3. Hacer preguntas: al final hacemos tres preguntas sobre el tema para que se lleven a casa y las contesten en sus tiempos con Dios.

4. Orar. Cerramos con un momento de oración, pidiendo a Dios poder hacer Rhema esta palabra de manera individual y como equipo.

Recuerda: *todos* necesitamos hacernos chequeos al corazón constantemente para ser un equipo *unido* en la visión y obra que Dios nos ha dado.

Testimonio de *Nancy Jara: Hacer los Chequeos al Corazón definitivamente ha tenido un resultado positivo. Como líder, mi trabajo es pastorear las ovejas que Dios ha puesto en mis manos de la mejor manera. A través de los Chequeos no solo he podido ver una mejoría como equipo, sino también en la vida espiritual de cada individuo. Disfruto mucho pastorear al rebaño de ovejas mientras les muestro lo valioso que es aplicar la Palabra de Dios en nuestra vida cotidiana. Todos crecemos juntos, me incluyo. Por último, estas conversaciones me han permitido entrar al mundo de estos jóvenes mientras nos comparten los desafíos que ellos pasan en este tiempo con cosas como "el perdón". Puedo conocer su manera de pensar, actuar y lo que el Señor está haciendo en ellos. Saber cuáles son sus batallas, me da la habilidad de saber cómo dirigir y cuidar del grupo de ovejas. Mi anhelo como líder es seguir los pasos del gran pastor; conocer a las ovejas y que ellos puedan conocer mi corazón.*

3) CHARLAS DE CRECIMIENTO

En nuestra estructura (habla Luis) tenemos grupos de trabajo por edades o grado escolar y cada grupo consiste en adolescentes y adultos coordinados por un Líder de Ministerio (LDM).

RENDIR CUENTAS A OTRA PERSONA NOS MANTIENE CALIBRADOS Y EQUILIBRADOS EN LAS ÁREAS IMPORTANTES DE NUESTRAS VIDAS.

Nosotros pastoreamos directamente a los LDM esperando que ellos lo hagan con su equipo de trabajo. Nos comunicamos semanalmente para los servicios, nos reunimos a un devocional mensual y tenemos una junta de planificación mensual, pero la reunión a la que le dedico más tiempo y atención, es a una que me gusta tener con cierta frecuencia, uno a uno con cada LDM. Le hemos denominado "una CC" (una Charla de Crecimiento).

Es una conversación bastante personal en la que ellos me dan el permiso de preguntarles cómo está su motor espiritual.

Así como llevamos a nuestro carro para cambio de aceite y chequeo general, necesitamos que cada líder tenga un chequeo de su estado espiritual.

En los recursos en línea encontrarás un modelo de "Charlas de Crecimiento" que puedes usar en tu ministerio.

En esta CC charlamos de corazón a corazón, damos cuentas del estado de nuestra relación con Dios, de nuestra familia y de áreas en las que podríamos estar batallando. Es una manera en la que rendimos cuenta unos a otros y nos mantenemos calibrados y equilibrados en las áreas importantes de nuestras vidas.

El secreto de rendir cuentas a otra persona, es útil para mantenernos alineados; entonces considera lo siguiente para mantener estas conversaciones saludables y productivas:

1. Se debe dar cuentas a un pastor o persona en liderazgo espiritual.

2. Toda la conversación tiene 100% de confidencialidad.

3. Es una conversación que no tiene tiempo de duración, debe ser de calidad; se realiza cuando el líder es guiado por el Espíritu para hacerla o cuando la persona la pide.

Otro ejemplo para poder ayudarte a modelar el crecimiento en el staff de servidores que tienes te lo proponemos con esta idea (hablan Henry y Adriana). En nuestro caso determinamos que los equipos de servidores con niños se dividen en dos grandes grupos: los servidores logísticos, y los servidores dedicados a la enseñanza.

Los servidores logísticos son responsables de todo el proceso de montaje de una reunión: manejan el sistema de seguridad, responden por el ingreso de las familias de forma ordenada y segura a la iglesia antes de iniciar una reunión, apoyan sirviendo refrigerios, se ocupan de la logística de la salida de los niños con sus papás al cierre de cada reunión y ayudan en todas esas funciones que son esenciales para mantener el orden en cada reunión.

Los servidores dedicados a la enseñanza son los que comúnmente se conoce como los profesores; son los responsables de dar las clases bíblicas a los niños, de recibirlos en el auditorio donde tenemos el tiempo de alabanza y adoración, de motivarlos a adorar y de cuidarlos pastoralmente.

Los dos grupos (tanto los logísticos como los dedicados a la enseñanza) solamente son citados una vez al año a un entrenamiento masivo en donde damos visión y herramientas del ministerio. Ellos sirven en nuestra iglesia cada quince días y lo que hacemos es que como mínimo veinte minutos antes de abrir puertas para que los niños entren, tienen una impartición de visión y de cuidado pastoral con el pastor de niños de la iglesia. También se reúnen por subgrupos de trabajo para aclarar los objetivos de la clase y aclarar las dudas que puedan tener.

¿Cuándo capacitamos entonces al equipo?

Durante la marcha y cada subgrupo de servidores se capacita de forma diferente.

1. *Servidores dedicados a la enseñanza*: Determinamos que cada grupo de edad (4 y 5 años o 6 y 7 años u 8 y 9 años o 10 y 11 años) tiene la siguiente distribución de funciones: Profesor Titular (uno por grupo de edad, encargado de mantener el orden en el salón y llevar la clase apropiadamente) Profesor Líder de clase (uno por cada grupo de edad, conocedor a profundidad de la enseñanza bíblica con niños y de Biblia) Profesores de Apoyo (tantos como se pueda tener; incluyendo los adolescentes en formación de servicio), y acompañantes (personas de equipo logístico que durante la clase bíblica con enviados a apoyar dentro de los salones). Todo este grupo humano es liderado por un coordinador de la edad. Es el Profesor Titular quien capacita durante la clase a los Profesores de Apoyo y los acompañantes que vienen de los equipos logísticos dándoles herramientas para que inmediatamente las pongan en acción y formando así nuevos profesores.

2. *Servidores dedicados a los equipos logísticos*: Toda persona que ingrese a servir a nuestra iglesia infantil necesariamente empieza sirviendo en uno de los equipos logísticos. Antes de ser enviados como acompañantes a las clases deben pasar un buen tiempo recibiendo toda la instrucción de procesos de seguridad, logística, manejo del sistema de ingreso y apoyo. Al subir a apoyar la clase pueden ocurrir dos cosas: que definitivamente queden impactados con poder dar clases a los niños o que prefieran continuar desempeñando funciones logísticas. Si identifican el deseo de dar clases, después de tres a seis meses de servicio logístico, son llamados a salir de estos equipos de apoyo y pasan a ser profesores asistentes.

Sabemos que todo esto es muy operativo y de procesos de organización. El objetivo de plantearte este modelo es el siguiente:

TRABAJA EN LO IMPORTANTE: MÁS QUE QUEJARTE PORQUE LA GENTE NO SE COMPROMETE USA ESPACIOS PARA DAR VISIÓN Y EMPODERAMIENTO.

• No sigas luchando con el síndrome de "es que las personas no vienen a las capacitaciones". Encuentra espacios útiles; puedes por ejemplo capacitarlos durante el servicio.

• Da visión: Los servidores agradecen mucho cuando pertenecen a un ministerio donde ven posibilidades de crecimiento. No es bueno que un servidor se acostumbre a hacer lo mismo durante todo su servicio. Crea posibilidades de crecimiento.

- No todos los que sirven con niños deben ser maestros. Hay una gran fuerza humana útil y poderosa que te puede ayudar a hacer avanzar tu ministerio a mejores niveles de excelencia.

- No cargues a las personas con tantas reuniones, eso te desgasta a ti y los desgasta a ellos.

- Trabaja en lo importante: más que quejarte porque la gente no se compromete usa espacios para dar visión y empoderamiento. Hemos sido testigo de reuniones en donde el líder ni sabe para qué citó a las personas; tristemente se convierten en reuniones de descarga del líder sobre los servidores de sus frustraciones y de la soledad del ministerio. Cambia en enfoque: si citas a un equipo asegúrate de que van a salir impactados y desafiados de ese lugar. Planea cada reunión oyendo la voz de Dios.

RECURSOS ADICIONALES EN WWW.EG25.COM/LECCIONES

CAPÍTULO 8

POLÍTICAS DE SEGURIDAD

Una de las áreas a las cuales le tienes que dar mayor atención en tu ministerio es al tema de seguridad, y desde diferentes ópticas:

1. El ingreso de cada niño a la iglesia infantil.

2. El tiempo que ellos permanecen en la iglesia infantil bajo tu responsabilidad.

3. El retorno de cada niño al respectivo adulto responsable que lo trajo.

4. Un procedimiento claro de evacuaciones en caso de riesgos.

Usualmente, en la gran mayoría de iglesias que Dios nos ha permitido visitar en América Latina, no existe un sistema de seguridad, ni una política clara y definida que mitigue los riesgos que se pueden presentar.

Hay muchos riesgos asociados al manejo de los niños y es nuestra responsabilidad transformar a las iglesias en los ambientes más seguros y protectores que los niños puedan tener. Tener políticas y procedimientos de seguridad claros va a ser la clave para que muchas iglesias puedan permanecer firmes cuando los gobiernos civiles locales busquen supervisar las políticas de seguridad en sitios con concentración de niños.

Por otra parte, a medida que Dios envía más y más niños a una iglesia, mayores van a ser los riesgos de manejo que debemos estar listos para mitigar. Dicho de otro modo, el crecimiento de tu ministerio te va a llevar a crecer en nuevos temas, por ejemplo, el tener que hacer uso de un sistema tecnológico para registrar el ingreso de niños con bases de datos y el tener un procedimiento de evacuación claro. La bendición de esto radica en la confianza y seguridad que le puedes dar a los niños y a sus papás de que todo está en orden en la iglesia, y que amamos tanto a los niños como para pensar no sólo en su crecimiento espiritual sino en temas tan importantes como su seguridad.

¿Cómo crear una política de seguridad en la iglesia? Todo viaje es más seguro cuando todos sabemos qué tenemos que hacer: tenemos claro a dónde vamos y cuáles son los asuntos a tener en cuenta en ese lugar. Lo mismo ocurre con el ministerio de niños. La política de seguridad de la iglesia debe decir claramente qué es eso que vamos a hacer, dónde específicamente estamos y cuáles son los asuntos a tener en cuenta en ese lugar. Una idea:

"En esta iglesia de niños (dónde específicamente estamos), todo lo que hacemos busca de que los niños estén seguros y protegidos (lo que vamos a hacer) durante cada momento en que los niños permanezcan con nosotros (el asunto: Cada momento con los niños)".

Una vez tienes la política clara, pasas a crear procedimientos. Los procedimientos van de acuerdo con los asuntos específicos a tener en cuenta. Para ello, simplemente define los asuntos que los niños van a vivir durante su tiempo contigo y crea procedimientos útiles. El siguiente cuadro va a ser de mucha utilidad, cuando en una iglesia local la asistencia promedio de niños es alrededor de cien.

ASUNTOS / MOMENTOS	¿QUÉ BUSCAMOS?	¿CÓMO LO BUSCAMOS? (PROCEDIMIENTOS)	¿QUIÉN LO BUSCA?
Ingreso	Todo niño debe ingresar identificado: Nombre del niño y persona que lo ingresó.	Los niños van a recibir en la puerta de ingreso un cartón plastificado con un número y su nombre escrito con tinta indeleble. El papá que lo trae va a recibir un cartón igual con el mismo número y su nombre escrito.	Un equipo de servidores en la puerta de la iglesia, equipados con los cartones plastificados y los marcadores para escribir el nombre del niño. Verificar que cada niño y su papá tengan el mismo número en su cartón. (Ej: Niño 20 con Papá 20)

Uso de baños	Los niños no deben ser llevados al baño solos o dejados en el área de baños sin supervisión.	El baño debe ser un lugar en donde hay mínimo dos adultos, de confianza para la iglesia; tienen la misión de supervisar a los niños mientras ellos permanezcan en ese lugar. Deben ser dos mujeres, casadas, preferiblemente mamás, aprobadas por el liderazgo de la iglesia.	Se debe determinar el nombre de dos adultos responsables de la zona de baños y los esperan afuera de la puerta. Ellos no deben ingresar con ningún niño al baño. Su misión es supervisar que ningún niño ingrese a un baño ya ocupado y de la misma manera, que ningún otro adulto lo haga. Garantizan y se controlan mutuamente para que los baños sean de uso individual y exclusivo de los niños.
Uso de baños (niños más pequeños).	Los niños que ingresen deben tener total independencia en el uso del baño.	Se debe informar a los padres de familia al ingreso que los niños ya deben poder hacer uso de los baños por su propia cuenta. En caso de tener que limpiar o prestar apoyo a un niño, les haremos llamar con el código de la escarapela que recibieron para poder ellos asistir directamente al niño.	Un servidor muy amable ubicado en la puerta de la iglesia, dando bienvenida a los niños más pequeños y contando a los papás la necesidad de estar pendientes de cualquier llamado que podamos hacer en caso que se necesite su apoyo.

Ingreso de niños enfermos.	Niños en condición de enfermedad no deben ingresar al área de niños. Pueden existir riesgos altos de contagio tanto para los otros niños como para los servidores.	Se debe informar oportunamente a los padres que cuando un niño presenta alguna enfermedad efecto - contagiosa, no debe ingresar a la zona de la iglesia infantil.	Un servidor muy amable y con autoridad dada por la iglesia debe estar listo a detectar casos de niños enfermos, cuyos padres quieran hacerles ingresar. Se debe hablar con los papás explicando el riesgo que corre el niño al entrar a una zona de contacto con otros niños, en la cual no se va a sentir bien por no estar en condiciones físicas para disfrutar la iglesia ese día.
Áreas seguras.	Toda área en donde se reciban y permanezcan niños debe ser totalmente segura para ellos.	Determinamos con precisión las áreas en la iglesia en donde van a permanecer niños, revisamos los riesgos potenciales que los niños puedan tener allí y controlamos esos riesgos llevándolos a cero.	Semanalmente el responsable del ministerio debe hacer la revisión de las áreas físicas y debe notificar a las personas encargadas los arreglos a hacer. Por ejemplo: puntas salidas, elementos suspendidos al techo que se puedan caer, pisos resbalosos etc.
Áreas seguras	Nadie que no pertenezca al equipo autorizado para servir con niños debe circular en el área de niños.	Mientras permanezcan niños en el área, las únicas personas autorizadas para permanecer allí deben ser los servidores aprobados por la iglesia.	El ministerio de niños debe tener una persona encargada de verificar en cada servicio la seguridad y el cumplimiento de las políticas. Él debe evitar que nadie autorizado permanezca en el área.

Salida de niños	Solamente el papá que cuente con su cartón numerado puede presentarse para retirar al niño de las instalaciones.	Cuando un papá se presente en el área de niños para retirar a un niño debe validarse que efectivamente ese papá fue la persona que ingresó a ese niño. No se debe entregar el niño a ninguna persona que solicite llevárselo; solamente al papá que hizo su ingreso.	Un equipo de servidores entrenados debe validar que cada papá que venga a retirar a un niño, presente el cartón de ingreso que se le entregó en la entrada, y que el niño quiera retirar tenga en su pecho, el cartón con el mismo número que tiene el papá.

LAS AMENAZAS EN CONTRA DE LOS NIÑOS SON GRANDES Y TENEMOS QUE TENER EN CUENTA QUE NO POR ESTAR DENTRO DE UNA IGLESIA ELLOS VAN A ESTAR SEGUROS.

El anterior cuadro te ayuda a determinar tus políticas y tus procedimientos de una manera sencilla. Lo importante de todo esto es:

• Concientizar a la iglesia que el área de niños es un área segura.

• Dar siempre a los papás el mensaje de que los niños son muy valiosos para la iglesia y que haremos todo lo posible por ser excelentes en el cuidado de ellos.

• Capacitar al equipo de servidores para entender la responsabilidad que tenemos al recibir niños, no sólo en lo espiritual sino también en lo físico.

• Proteger a la iglesia de incidentes graves que se puedan presentar.

• Crear una cultura de respeto por los niños que se respire en toda la iglesia y que presente a los papás el alto valor que tienen los niños para Dios y para su reino.

• Entrenar a tu equipo de servidores en la mejor solución para hacer una evacuación en caso de una emergencia. Los niños que asisten a tu iglesia son muy bien entrenados en sus colegios sobre este tema. Para los servidores es de mucha confianza saber que desde la cabeza del ministerio hay una directriz clara para hacer estas evacuaciones.

Todos estos temas deben ser valorados por el equipo pastoral de la iglesia y cada decisión que se tome en torno a la seguridad de los niños debe ser comunicada ampliamente a los papás, respaldada por el equipo y sostenida en el tiempo para que tenga validez. El secreto no es crear procesos y políticas por crearlos; es necesario darles uso y continuidad en el tiempo y llevar a todos los miembros de la iglesia a creer y respaldarlos entendiendo el alto valor que tienen y lo útiles que son para los niños.

Como nunca antes en este tiempo necesitamos crear espacios seguros para los niños. Las amenazas en contra de ellos son grandes y tenemos que tener en cuenta que no por estar dentro de una iglesia, ellos van a estar seguros. Jesús mismo nos alerta a ser astutos en nuestra responsabilidad cristiana (Mateo 10:16), y como ministerio de apoyo a la labor pastoral necesitamos dar al pastor de cada iglesia la seguridad que los niños están bien cuidados y protegidos.

VIAJAMOS MÁS SEGUROS CON LOS PAPÁS A BORDO

Recuerda esto: siempre trabajamos de la mano con los papás porque tu viaje es mucho más seguro si vas con los papás a bordo.

Imagina que eres el responsable de conducir un gran autobús lleno de niños de todas las edades que viajan de un lugar conocido por ellos a una nueva tierra llena de aventura y cosas nuevas. Un viaje con niños tiene por todas partes escrito la palabra riesgo: cualquier cosa nos puede pasar.

Cuando en los colegios nuestros hijos son citados a una salida pedagógica, siempre se aseguran de tener algunos padres de familia en el plan. ¡Qué buena política! Lo mismo debe ocurrir dentro de nuestros ministerios con niños. Incluye a los papás, hazlos parte, motívalos, enfatiza con ellos la importancia que Dios les dio en el proceso de iglesia con sus hijos y anímalos a hacer parte de tu equipo más cercano.

Al momento de involucrarlos a ellos, ten en cuenta que sus jornadas de servicio no deben ser muy amplias. El hecho de ser papás impone ya la necesidad de asignarles menos horas de servicio, pero el beneficio es grande. Ellos rodean la iglesia con un peso de autoridad y logran detectar en los niños necesidades pastorales que requieren atención.

Un ministerio seguro logra entonces el equilibrio perfecto entre la fuerza y el dinamismo de los adolescentes, el tiempo disponible y la pasión de los jóvenes, la experiencia y la madurez de los papás y la sabiduría y el amor de las personas mayores. Corresponde a la cabeza tomar lo mejor de cada grupo de edad y potencializarlo al máximo a favor de los niños.

Al hablar de papás tenemos que tener presentes dos grupos diferentes: los papás que puedes convocar a ser servidores en el ministerio y los papás que son beneficiarios del ministerio llevando a sus hijos a cada servicio de niños. Algunas ideas de trabajo frente a estos dos grupos diferentes que te pueden ayudar son:

- *Papás servidores.* Define claramente las horas de servicio máximas que pueden destinar al ministerio y evita que ellos se presenten a servir al mismo tiempo con sus hijos.
  Una de las cosas que más cansa a los niños es tener que ir a la par en las horas de la iglesia con sus papás. Los niños no deben estar presentes en reuniones de planeación, de organización ni en jornadas extensas acompañando a sus papás. El resultado de esto es muy doloroso en el largo plazo. Los niños terminan cansándose al ir a la iglesia a ser parte de eventos que no están pensados para ellos. De nada nos sirve tener un ministerio de niños poderoso si los mismos hijos de los que sirven con nosotros terminan saturados de la vida de iglesia.
  En caso de ser necesario, crea un espacio dentro de la iglesia para los hijos de los servidores con responsabilidades pastorales. Esto puede ser de mucha utilidad pero implica un gran esfuerzo.
  En todo caso, la prioridad tanto para el equipo pastoral como para los servidores es entender que los niños deben permanecer horas limitadas dentro de la iglesia y que el hacer turnos entre esposos es vital: mientras uno sirve el otro está con los niños.

- *Papás beneficiarios del ministerio.* Con ellos debemos poder hacer equipo. Es muy importante lograr que desde la tarima principal de la iglesia se predique sobre el valor de la iglesia de niños y el respeto que los papás debemos tener por el trabajo con los niños dentro de la iglesia. También es importante hacer a los papás conscientes de que la iglesia de niños no es una guardería o un lugar para cuidar y distraer a los niños mientras los papás tienen vida de iglesia y que el desafío es trabajar en equipo para formar una verdadera nueva generación de cristianos que llegará más alto en su fe. Los papás deben ser vinculados a la iglesia por medio de escuelas de padres, creadas para dar instrucciones claras en temas tan relevantes como el modelar el ejemplo de Jesús en casa, la misión de Deuteronomio 6 en el proceso de educar a los hijos, la administración de disciplina, la instrucción bíblica que los papás debemos pasar a los hijos, la forma de enfrentar la presión del mundo, etc.

No podemos crear ministerios de niños divididos de los papás o listos a culparlos a ellos de todo lo que pasa con los niños. Los papás van a ver el ministerio de niños con respeto y entendimiento de lo que realmente significa, en la medida en que el mismo ministerio les sirva a ellos con amor y esté listo para trabajar con ellos de la mano sin juicios ni reclamos.

Invítalos a hacer parte del viaje y a disfrutarlo. Dales herramientas de crecimiento útiles; para ello apóyate en las experiencias que viven los papás servidores y en las vivencias de los niños. Los papás de tu iglesia esperan un ministerio que los cubra a ellos y les ayude a aclarar el camino del plan de Dios para sus familias.

RECURSOS ADICIONALES EN WWW.E625.COM/LECCIONES

CAPÍTULO ⑨

MANTENIMIENTO Y CUIDADO

Debemos mantener los niveles de energía saludables de manera continua.

Así como el automóvil muestra los niveles de gasolina para que nunca se muera a mitad del camino, de la misma manera tenemos que idearnos la forma de saber cómo están los niveles de energía del equipo para evitar muertes súbitas.

UN BUEN CAFÉ PARA MANTENERNOS DESPIERTOS:

(Habla Sandy). Vengo de la tierra del café más suave del mundo, Colombia, y tengo grabada en mi memoria el despertar cada mañana con el aroma de *café* recién hecho… eso nos sacaba de la cama. También recuerdo siempre la casa de mi abuela y cómo cada madrugada mi papá, antes de irse al trabajo, pasaba a saludarla y a tomarse ese cafecito mañanero que aseguraba la carga lista para iniciar el día.

No sé si les ha pasado o no, pero en un viaje de largo camino los pasajeros tienden a quedarse dormidos, por eso es necesario hacer control continuo y *crear estrategias que continuamente mantengan despiertos a tus compañeros de viaje.*

Te compartiremos una de nuestras estrategias que estamos aplicando este año para mantener despierto el **C**ompromiso, mantener su servicio **A**ctivo, **F**ortalecido y principalmente **E**spiritualmente Vivo.

Así surge lo que llamaremos "Plan C.A.F.E." que es una estrategia para mantener el tanque del corazón lleno en tu equipo y el fuego del Espíritu con buena llama continuamente.

Este Plan busca ir a todos los niveles: Pastores C.A.F.E. / Líderes C.A.F.E. / Maestros C.A.F.E. / Padres C.A.F.E. y lo más grandioso una Generación de niños C.A.F.E.

¿Qué es un Líder o Maestro C.A.F.E.?

Comprometido
Activo
Fortalecido y
Espiritual

En el plan C.A.F.E. queremos, a través de tiempos de aprendizaje, generar un estilo de vida Comprometido, Activo, Fortalecido y Espiritual, buscando despertar en el corazón del líder/maestro, el fuego de trabajar continuamente en esas cuatro características en su vida y en su liderazgo.

COMPROMETIDO

Debemos mantenernos vigilantes porque en medio de la velocidad del viaje y de la rutina de los días, el compromiso tiende a enfriarse o a entrar en un estado de adormecimiento, pesadez o pasividad. Por eso es clave que de continuo busquemos motivar, hablar y modelar continuamente al equipo un corazón comprometido principalmente con Cristo, con su obra, con el llamado que nos ha hecho de cautivar el corazón de los niños para Él y con la iglesia a donde pertenecemos.

UNA PERSONA COMPROMETIDA ES AQUELLA QUE HA ADQUIRIDO UNA RESPONSABILIDAD, AMA LO QUE HACE Y PONE TODO DE SÍ PARA CUMPLIR SU PARTE CON EXCELENCIA.

Recordemos que una persona comprometida es aquella que ha adquirido una responsabilidad, ama lo que hace y pone todo de sí para cumplir su parte con excelencia.

Un líder/maestro está comprometido cuando:

1. *Cumple* con sus obligaciones, con lo que se ha propuesto o lo que le ha sido encomendado.

2. *Vive, planifica* y *reacciona* acertadamente para sacar adelante un proyecto, su familia, su trabajo, estudios, etc.

3. *Actúa* para alcanzar objetivos por encima de lo que se espera.

4. *Involucra su vida*, poniendo sus habilidades y capacidades para llevar a cabo la misión.

5. *Disfruta* hacer lo que debe hacer. No es algo que le añade tristeza sino por el contrario le *impulsa* a avanzar.

En medio del viaje tenemos que ser hábiles para buscar transmitir al equipo el valor del compromiso consistente. Siempre en un viaje es tan importante mantener en alto la buena energía y la calidad de lo que hacemos para no terminar arrastrando la obra sin una motivación viva. Un líder/maestro comprometido no solo "pone en marcha" sino que "él se pone en marcha" con iniciativa, convicción y deseo de lograr lo que se propone.

El compromiso va de la mano de la pasión de cumplirle a Dios y a su obra, esa es nuestra meta, nuestro mayor anhelo y satisfacción.

Es indiscutible que cuando estamos comprometidos con algo se nos nota por el fuego en nuestro espíritu, el ánimo en nuestra alma y en el cuerpo que se moviliza con pasión y motivación.

ACTIVO

No hay nada más aburrido que viajar con gente pasiva o apática, por eso es de suma importancia inyectar continuamente en el equipo el valor de ser *activos*, no por hacer muchas cosas a la vez sino por la pasión con la que hacemos lo que hacemos. Damos de lo que somos: si somos pastores activos, nos seguirán líderes activos y a ellos se unirán maestros activos y finalmente lograremos generaciones de niños activos para la obra de Cristo.

Una persona se califica como *activa* cuando:

1. Está en *movimiento y acciona* con propósito.

2. Tiene energía y está en continuo *desarrollo y crecimiento*.

3. Es *diligente y eficaz*.

4. *Alcanza metas* y

5. *Cumple* sus responsabilidades.

*Es clave subir a nuestro viaje gente **proactiva** que esté* en continuo movimiento y que sepa trabajar en equipo a través de:

1. *Empatía*. Gente que escucha, y optimiza las aptitudes de cada uno. Estos pasajeros saben que la clave de este viaje es saber conectar con el corazón de las personas y saber transmitir.

2. *Motivación*.Todos tenemos una atmosfera que nos acompaña a donde vamos, no sé si has tenido cerca gente que es buena para bajar el ánimo y pintar rápidamente paisajes grises. Esos pasajeros detienen el viaje porque desmotivan y traen una atmosfera negativa, pero los pasajeros proactivos se caracterizan por transmitir una atmosfera positiva y de continua motivación. Con gente así es grandioso viajar porque incentiva a los miembros del equipo y nos impulsa a cumplir los objetivos.

3. *Compartir*. Lograr desarrollar un equipo proactivo permitirá que las motivaciones por las cuales viajamos juntos sean genuinas pues entenderemos que el valor de lo que hacemos está en compartir y estar interesados genuinamente por las personas que Dios nos ha puesto como compañeros de viaje, valorarlas por lo que son y no por lo que hacen.

4. *Comunicación*. Es clave en el corazón del líder/maestro entender el valor de la comunicación. Siempre he considerado que la comunicación es un arte; no es fácil ser un comunicador efectivo, pero todo se basa en la comunicación; el éxito o fracaso de nuestro viaje en buena parte estará determinado por la habilidad de ser y hacer hermosos senderos de comunicación. Educa a tu equipo en esta área continuamente.
La comunicación es una de esas cosas que no puedes dejar para después, busca trabajar en ello ahora y cada día. (2 Corintios 5:11, Colosenses 4:4).

5. *Unidad*: Todos los que fuimos tocados por la mano del maestro entendemos que hay un secreto espiritual en la *unidad*.
La Palabra nos invita a guardar la *unidad*, para que a través de ella el mundo crea que Jesús fue enviado por el Padre. (Juan 17:20-21)
Mantenernos alertas continuamente, prestando la máxima atención a cada cosa que pueda romper la unidad, nos asegurara el cumplimiento primordial de ser embajadores de Cristo.

FORTALECIDO

Todo viaje requiere fuerza, y éste no es la excepción. Nuestro viaje ministerial requiere estar fortalecidos física, emocional y espiritualmente para provocar cambios en los demás.

El éxito de nuestro viaje estará determinado, entre otras cosas, por la capacidad de irradiar esa fuerza que nos permitirá influir en los demás.

No se trata solo de tener el poder, "muchas personas pueden tener poder, pero pocos tienen poder para llegar a las personas". Solo si estamos fortalecidos física, emocional y espiritualmente podremos ser efectivos en llegar al corazón del equipo y finalmente de los niños que son nuestros pasajeros de honor.

Todos debemos estar en una búsqueda continua de fortalecernos espiritualmente

El deseo del Señor es que estemos fortalecidos en nuestro ser interior, que estemos tan fuertes internamente que no haya presión, adversidad o problema que nos pueda detener en cumplir el propósito trazado por Dios para nuestra vida y ministerio.

Pablo hace esta oración en Efesios 3:14-16 y dice: *"Por ello me arrodillo ante el Padre, de quien recibe su nombre toda familia —tanto las que están en el cielo como las que están en la tierra—, y le pido que de sus gloriosas riquezas los fortalezca interiormente por medio de su Espíritu.*

Este es el deseo de Dios. Esa Fortaleza interior o entusiasmo etimológicamente significa "tener dentro de uno la naturaleza de Dios".

Estar de rodillas ante el Padre de manera continua es lo que nos llenará de *fuerza* inagotable, que no flaquea con las circunstancias del camino.

Si tomamos a la ligera el venir y ponernos en una actitud de continuo rendimiento a Dios, empezaremos a debilitarnos poco a poco hasta llegar al desánimo o desgaste continuo.

La clave para un viaje seguro es inyectar en nuestros equipos la necesidad de ir continuamente a la fuente de nuestra fuerza, entendiendo que debemos hacer esto todo el tiempo sin interrupción. (Josué 1:8-9)

ESPIRITUAL

La clave de nuestro viaje es saber dónde quiere Dios que la gente esté y trabajar usando los métodos y maneras de Dios para llevarlos allí en una total dependencia de su poder.

La meta es llegar a conocer a Dios y glorificarlo en todo lo que hacemos, Entendiendo que no apuntamos principalmente a dirigirlos sino a cambiarlos. Si somos el tipo de líderes que debemos ser, nuestro objetivo será desarrollar personas en lugar de dictar planes o generar entretenimiento.

Podemos hacer que la gente haga lo que queremos, *pero* si su corazón no cambia no los estamos llevado a donde Dios desea que estén.

El viaje debe permitir que Dios vaya transformándonos en nuevas personas y llevándonos a una estatura mayor. El crecimiento espiritual es símbolo de un cuerpo saludable.

REVISIÓN DE MALETAS:

En cada viaje se preparan maletas y se lleva ropa apropiada para disfrutar el viaje para lograr hacer lo que se quiere hacer, así que es bueno revisar las maletas para verificar continuamente las vestiduras internas y externas de nuestro equipo.

EL VESTIDO INTERNO DEL LIDERAZGO

1. **Glorifica a Dios:** el objetivo es glorificar a Dios y llevar a otros a glorificarlo.

2. **Medita y ora en la Palabra:** la misión es espiritual por eso requiere vestiduras espirituales y armas apropiadas:

   • Meditar en la Palabra y la oración son vitales.

   • Llevar un diario para anotar las ideas que descubres cuando lees y oras.

   • Tomar pequeños retiros a lugares tranquilos para oír a Dios. (Romanos 10:17; Salmo 119:18)

3. **Ama a *todos*:** no hagas diferencia entre personas. Sabes que Dios nos llamó a amar y servir a todos por igual. Entiende que el liderazgo es servicio.Así que la ropa más usada durante todo este viaje serán las vestiduras de servirnos unos a otros.

EL VESTIDO EXTERNO DEL LIDERAZGO

1. **Ejemplo: si quieres dejar una huella** debes predicar con tu ejemplo.

2. **Esforzado y capaz de enseñar.** Filipenses 3:13. Los líderes anhelan cambiar, moverse extenderse, crecer y hacer crecer a otros.

3. **Optimista:** Se esfuerzan siempre por tener los mejores resultados.

4. **Diligente y disciplinado:** Romanos 12:8, Romanos 12:11, Juan 2:17. Eclesiastés 9:10, Gálatas 5:23, 1 Corintios 1:25-27, Romanos 8:13.

5. **Paciente y organizado:** Gálatas 6:9, 1 Corintios 15:58, Mateo 24:13, Gálatas 6:9, Salmo 127:1-2.

RESPIRA AIRE PURO:

Sólo Dios es creador. Él tiene toda la creatividad en el cielo lista para ser derramada sobre tu vida para diseñar, crear y ejecutar las mejores actividades de cuidado que puedas tener con tu equipo.

ACTIVIDADES MISIONERAS:

Este viaje es mucho más seguro para todos cuando podemos respirar un nuevo aire. ¿Has salido en un viaje al campo y has experimentado el poder del aire fresco (aire de campo) entrando a tus pulmones? Es delicioso, ¿verdad? Lo mismo ocurre con el ministerio de niños. Todo pasa tan rápido y tenemos tanto trabajo por delante que necesitamos poder tomar aire fresco. Eso va a traer sanidad a nuestros pulmones.

Acostumbrar a tu equipo siempre a lo mismo es peligroso porque el ministerio no es estático. El agua estancada se llena de bacterias y no es apta para consumir. Uno de los grandes peligros en el ministerio es estancar a tu gente y, muchas veces, tu gente se estanca como resultado del estanque que hay en la cabeza que los dirige. Tu equipo estará muy agradecido cuando en el viaje puedas incluir nuevos desafíos y nuevas experiencias que le demuestren a ellos lo valiosos que son en el Reino y todo el potencial que Dios ha derramado sobre sus vidas mientras sirven con los niños en la iglesia local.

> **ACOSTUMBRAR A TU EQUIPO SIEMPRE A LO MISMO ES PELIGROSO PORQUE EL MINISTERIO NO ES ESTÁTICO.**

Una de las áreas de trabajo que tenemos a cargo en nuestra iglesia local (habla Henry), junto con ser pastores de niños y liderar los adolescentes, es el área de servicio misionero. Puede ser que a simple vista no te combinen muy bien estas áreas, pero mira lo impresionante que Dios ha hecho.

Dentro de las salidas misioneras que hemos podido implementar, sobrenaturalmente Dios nos ha abierto la puerta para llegar a hospitales y clínicas e iglesias en varios lugares de Colombia y fuera de nuestro país. Lo poderoso es esto: los hospitales donde hemos estado nos han pedido soporte visitando los pabellones donde hay niños. Las iglesias que nos han invitado nos han pedido que apoyemos en jornadas evangelísticas que se nos llenan de niños. Y cuando nos han pedido que visitemos centros de trabajo con ancianos, hemos logrado captar su atención y hacer trabajos increíbles con los abuelitos usando los materiales y las hojas de trabajo que desarrollamos con niños en la iglesia infantil.

Fuimos entonces dirigidos por Dios para que los viajes y las salidas de apoyo misionero tengan como base al equipo de los profesores de la iglesia infantil. Cada vez que organizamos una visita a hospitales, centros de ancianos o iglesias fuera de Bogotá, convocamos al equipo de servidores de la iglesia de niños y sabemos que vamos equipados con el mejor equipo humano. Es sencillo: ellos cada fin de semana se preparan y estudian su clase. Además, la dirigen, la enseñan y enfrentan el mejor y más exigente público de todos: los niños. Dentro de las paredes de la iglesia de niños han sido entrenados para dar lo mejor a donde Dios los lleve; están más que listos para salir, respirar un nuevo aire y darse cuenta de lo poderoso que Dios puede hacer a través de sus dones y su talento.

Las salidas se han convertido en una de las mejores oportunidades para el crecimiento ministerial del equipo. Puede ser que te acostumbres a hacer algo bueno toda la vida; pero cuando Dios te sorprende llevándote a descubrir que lo que has venido haciendo fielmente te es útil para servir a muchas más personas de forma increíble, permites que un nuevo aire entre en tus pulmones y encuentras un valor mucho más alto en lo que has hecho en la iglesia. El ministerio es dar; sólo que sin darte cuenta mientras has dado Dios te ha equipado con más. Permite a tu equipo descubrir todo lo que ha puesto en sus vidas.

¿Qué es lo que Dios permite que les ocurra a las personas mientras sirven con niños?

Dentro de las muchas cosas que hemos encontrado, te podemos listar algunas:

- Su niñez es sanada.
- Son rejuvenecidos.
- Aprenden mucha Biblia.
- Aprenden a ser sensibles a las necesidades mínimas de otros: sonar los mocos, identificar el llanto.
- Aprenden a detener su clase y oír.
- Aprenden paciencia.
- Aprenden a explicar con un lenguaje sencillo las grandes verdades de la Biblia.
- Aprenden a hablar con su cuerpo: lenguaje corporal.
- Aprenden a modular la voz, a dejar de ser planos con la voz y usarla para ganar la atención.
- Aprenden a manejar grupos grandes.
- Aprenden a hablar en público.
- Aprenden a trabajar en equipo.
- Aprenden a retener la atención de un público difícil.
- Aprenden a conocer el corazón de Dios por los que necesitan, a ser compasivos.
- Aprenden a ser prácticos y recursivos. A usar una hoja de papel en blanco para construir una gran lección, por ejemplo.
- Aprenden a amar a aquellos que nunca se van a volver a decirles: "Profe, qué unción, qué gran clase Bíblica nos acabas de dar".

Eso entre muchas otras cosas. Lo que ocurre en interior de un salón de clases con niños es más poderoso de lo que nos imaginamos. Los niños son formados para el Reino, pero sus profesores son equipados por Dios en cosas increíbles que Dios les tiene reservadas.

Bíblicamente, eso lo que ocurrió con Pedro, por ejemplo. Pedro es un ejemplo de lo que es un servidor de la causa. Nadie se imaginaba que este sencillo y humilde pescador acostumbrado al mar de Galilea sería un gran pescador de hombres cuando dio su primer sermón en Jerusalén. Sin darse cuenta, los años al lado del Maestro lo transformaron de ser un simple pescador, acostumbrado a las aguas de Galilea, al gran predicador líder de la iglesia primitiva. De la misma forma, cada profesor en tu equipo es dinamita pura. Te aseguramos que ellos son más que pescadores del mar de Galilea. Los años invertidos enseñando entre niños son el mejor depósito que Dios ha puesto en sus vidas para llevarlos a nuevos desafíos; y ante esos desafíos verás en ellos los mejores sermones que traerán multitudes a Jesús.

Busca la forma de desarrollar en tu equipo todo el potencial que Dios ha derramado en ellos. El Reino de los cielos es mucho más grande de lo que nos imaginamos. Hay nuevos aires por respirar y esos aires aseguran un viaje increíble. Si eres la cabeza del ministerio, encárgate de desafiar a tu equipo a desarrollar ese potencial.

RECURSOS ADICIONALES EN WWW.E625.COM/LECCIONES

CAPÍTULO

LOS INDISPENSABLES DE UN VEHÍCULO

Le preguntamos a un experto en automóviles cuáles eran las partes indispensables sin las cuales un vehículo no podría funcionar, y nos dijo: **el motor, la transmisión y el combustible.**

Sin estas cosas ningún automóvil podría iniciar un viaje.

Entonces si un automóvil necesita tener en óptimas condiciones estos tres elementos, ¿a qué serían equivalentes en nuestro ministerio para que tuviéramos la capacidad de transportarnos e iniciar el viaje?

Llegamos a la siguiente conclusión:

- El *motor* podríamos decir que es tu *equipo*.
- La *transmisión* son las *clases*
- El *combustible* son los *recursos*.

Conversemos un poco al respecto:

1. EL MOTOR (TU EQUIPO)

Un motor es un artefacto que tiene el propósito de brindar energía suficiente a un conjunto de piezas para que éstas realicen el funcionamiento para el cual fueron diseñadas. En nuestro automóvil, son las piezas sin las cuales nuestro vehículo no llegaría a ningún lado. En nuestra realidad el motor es la gente con la que realizamos el trabajo de discipulado.

Pero, ¿qué sucedería si eres el único encargado de la reunión de niños y debes cantar, hacer el drama, el llamado, la ofrenda, llevar a los niños al baño, ayudar a los niños en la actividad, orar por ellos y luego darle el refrigerio a cada uno? Te aseguro que si sobrevives a ese servicio no querrás regresar a otro tu solo.

SIN UN EQUIPO ORGANIZADO ES IMPOSIBLE REALIZAR EL MINISTERIO, EL EQUIPO ES EL MOTOR QUE HACE QUE EL VIAJE SEA POSIBLE.

Sin un equipo organizado es imposible realizar el ministerio, el equipo es el motor que hace que el viaje sea posible.

Verás, Cristo es la fuente de vida, la fuente de todo lo que los niños puedan necesitar; y al mismo tiempo los niños tienen un corazón necesitado y la disposición de recibir de Cristo. Nosotros en el ministerio de niños somos el canal que dirige a los niños a la presencia de Cristo.

Ahora bien, necesitas un equipo para que ese canal sea ordenado, para que tu corazón esté bien y para que nadie muera en el proceso; es imposible que realicemos el ministerio sin un equipo.

Nuestro equipo está formado de la siguiente manera (hablan Luis y Sandy):

- De 13 a 17 años

- De 17 a 21 años

- De 22 a 26 años

- De 27 en adelante

DE 13-17 AÑOS: LA GENERACIÓN QUE INICIA

Cuando los niños son promovidos al departamento de jóvenes, hay algunos niños que tienen el deseo de servir con nosotros. Normalmente ellos son asignados a un grupo para ayudar en clases, en las computadoras del registro de niños o en la parte audiovisual del servicio de los niños. Pero podemos decirte que los que inician a esta edad se conectan con el ministerio y durarán largo rato, somos testigos directos de eso.

DE 17 A 21 AÑOS: LA GENERACIÓN QUE CONECTA

Esta edad es clave porque ya han crecido, algunos se han convertido en excelentes maestros, músicos, actores, etc. Ellos conectan a toda la generación joven e inyectan la energía que necesitamos mantener en el ministerio de niños.

DE 22-26: LA GENERACIÓN SÓLIDA

Aquí tenemos una generación de maestros muy interesante porque contiene energía y a la vez mayor conocimiento de la Biblia y de técnicas de enseñanza. Junto con el nivel anterior son los de mayor impacto y quienes conectan más fácil con los niños.

DE 27 EN ADELANTE: LA GENERACIÓN DEL CONOCIMIENTO

A partir de los 27... estamos los veteranos, los que ya hemos recorrido el ministerio y por la fidelidad de Dios hemos aprendido cómo captar la atención de los niños y a la vez hacer una clase divertida que los conecte. Y aunque estoy en mis cuarenta (habla Luis), cada vez que me paro frente a un grupo de niños, el Espíritu Santo me llena de energía para dar una clase relevante

LOS PADRES EN TU EQUIPO: LA GENERACIÓN QUE NECESITAS

Involucrar padres a tu ministerio es vital. Te motivamos a involucrar a padres de familia en tus clases; ellos se beneficiarán de ello y nosotros por supuesto que también. Es clave que ellos vean lo que les enseñamos para que puedan reforzar en casa. Es clave que vean los métodos de orden y disciplina y se familiaricen con ellos. Añadirán sabiduría a nuestro trabajo.

Hemos tenido la grata bendición de algunos que ofrecen pocos domingos al año y finalmente se terminan conectando convirtiéndose en tremendos maestros que influencian a los niños.

2. LA TRANSMISIÓN (LAS CLASES CON LOS NIÑOS)

La transmisión en un vehículo es eso que permite que la potencia llegue desde el motor hasta las llantas para hacer mover el carro.

En la práctica, mira la importancia de una transmisión funcional en tu ministerio: el tiempo que pases con los niños en la iglesia se va a enmarcar en una transmisión de poder espiritual desde el motor (la Biblia depositada en los maestros) hasta las llantas (la vida de los niños siendo transformados por la palabra de Dios).

> ## ES CLAVE QUE LOS PADRES SE INVOLUCREN Y VEAN LO QUE LES ENSEÑAMOS PARA QUE PUEDAN REFORZARLO EN CASA.

Inventémonos el diccionario real del ministerio de niños aplicado (es broma, pero puede ayudar).

Currículo: dícese de las clases que se dan a los niños dentro de series bíblicas conectadas entre sí para que aprendan la verdad de Dios.

Los niños aman crear e inventar cosas. Eso mismo tenemos que hacer con las clases que les damos. Es muy importante estar listos a crear nuestros propios currículos (o series de clases) para los niños de nuestra iglesia porque así aseguramos el sello bíblico en ellos.

¡Llegó el momento de crear clases! Busca al Dios creador y disponte a crear. Como ya te mencionamos, en el mercado cristiano existen muchos materiales y hay muchas personas en las editoriales creando materiales para niños. Sin embargo, muy seguramente al estar en la iglesia infantil vas a darte cuenta del valor que hay en crear tu propio currículo o adaptar los materiales del mercado cristiano a tus objetivos con los niños en la iglesia. ¿Dije objetivos? ¡Claro que sí! Cada clase con niños debe tener un objetivo claro.

Este sencillo modelo te va a ayudar a crear tus propias clases con niños.

Define:

1. **El título de la clase.** Es importante porque en el título vas a concretar la única *verdad bíblica* que enseñaras en la clase. Ten esto muy presente. El material no es la clave. La clave es: ¡la verdad! *"Entonces conocerán la verdad, y la verdad los hará libres"*. *Juan 8:32*. La Biblia no dice que:

   • El material los hará libres.

   • La clase los hará libres.

   • El profesor los hará libres.

La *verdad* es lo que nos hará libres. Hazte esta pregunta. ¿Cuál es la única y poderosa verdad que quiero enseñar hoy?

Ejemplo de un título clave:

- Jesús nos enseña a ir al Padre. Verdad detrás: Jesús me lleva al Padre.

Ejemplo de un título confuso:

Puedo ir al Padre Dios que me ama y lo da todo por mi porque Jesús pagó en la cruz el precio por mi pecado y me hizo libre.

Aun cuando el segundo título resume la doctrina de la salvación es totalmente confuso. Hay tantas verdades allí que un niño de 7 años al oír esa clase va a hacer corto circuito en la cabeza. ¿Qué me dijo? Ten presente que si el niño no entiende el concepto no tendrás su atención para nada. En el ministerio de niños, entre más claro, mejor.

2. **Define los objetivos**. Tenemos que definir tres tipos de objetivos conectados entre sí:

- ¿Qué quiero que los niños conozcan*?

- ¿Qué quiero que los niños crean*?

- ¿Qué quiero que los niños hagan*?

*Frente a la verdad Bíblica enunciada en el título.

Creemos en el poder de los objetivos tripartitos porque fuimos hechos en un diseño tripartito de Dios (espíritu, alma y cuerpo). En ese diseño:

- Cuando definimos nuestro objetivo para conocer, estamos hablando a la mente de los niños.

- Al definir el objetivo de *creer* estamos hablando al espíritu de los niños, su fe.

- Al definir el objetivo de *hacer*, estamos hablando a las acciones de los niños.

De esta forma, una clase estará cubriendo el diseño total de Dios para para la vida de ese niño y dejamos en él unas acciones (fruto) que el niño va a adaptar a su estilo de vida porque creyó esa verdad que le enseñamos.

Volvamos al ejemplo de la clase que escogimos. Si la verdad a enseñar es: "Jesús me enseña a ir al Padre", estos son ejemplos de buenos objetivos que puedes dar a esa verdad:

1. ¿Qué quiero que los niños *conozcan*? Que Jesús, el hijo de Dios, me enseña a llegar al Padre.

2. ¿Qué quiero que los niños *crean*? Que Dios Padre quiere que yo llegue a él.

3. ¿Qué quiero que los niños *hagan*? Que digan a todos que pueden ir a Dios Padre.

Una vez que tienes claro el título (la única sencilla y poderosa verdad para ese día de clase) y los objetivos, puedes pasar a armar el contenido. Divide tu clase en cinco momentos clave:

3. Los momentos de la clase

- Una introducción

- Un tiempo con la Biblia

- Un tiempo para memorizar

- Un tiempo para descubrir cómo vivir esa verdad todos los días

- Un tiempo para orar con los niños

- Tomemos los objetivos y creemos la clase

INTRODUCCIÓN:

Lo que escribiste en cómo *Conocer*, los vas a desarrollar en la introducción. Determinamos que queremos que ellos conozcan que "Jesús el hijo de Dios me enseña a llegar al Padre". Empecemos la clase con un juego de fotos. En el juego vamos a presentar muchas opciones para intentar llegar a un lugar especial pero sólo hay una forma de hacerlo.

Algo así:

LUGAR: SI QUEREMOS IR A....	FOTO (LO MEJOR QUE PODEMOS USAR ES...)	CONCLUSIÓN
La cima de esta hermosa montaña (Muestra la foto o el dibujo de una gran montaña y su pico)	• ¿Este bote? No. • ¿Este cohete? No • ¿Este submarino? No. • ¿Este mapa y botas para escalar? ¡!Sí!!	La forma para llegar al pico de esta hermosa montaña es usando el mapa del camino y escalando.
Esta gran isla en medio del mar (muestra la imagen de una isla lejos de la playa en medio del océano)	• ¿Un burro? No, pobre burrito. • ¿Un taxi? Imposible, no se han inventado los automóviles de mar todavía. • ¿Una locomotora? ¡Jamás, error! • ¿Un barco con motor fuera de borda? ¡¡Sí!!	¡¡Qué bien!! El mejor medio para llegar a la isla es el barco fuera de borda.
¿Un castillo perdido donde viven esta hermosa princesa y todos sus valientes guerreros?	• ¿Una bicicleta? No, tomaría años en llegar. • ¿Un barco tipo crucero? No, el castillo está perdido en medio de un valle. Imposible. • ¿Un mapa que muestra el camino y un caballo de viaje? Sí. Exacto.	El mapa que muestra el camino es la clave.
Tu Padre Dios	Amigos; sólo hay una forma de llegar a nuestro Padre Dios. Hay un sólo camino para llegar a Él y el camino nos lo enseña su Hijo Jesús.	El lugar más especial que existe no es una playa, la cima de una montaña o u castillo perdido. El lugar más especial que hay es estar con tu Padre Dios, y Jesús, el hijo de Dios, nos enseña muy bien cómo llegar a Él. ¡¡Hoy lo vamos a descubrir en la Biblia!!

TIEMPO CON LA BIBLIA

Escoge el mejor pasaje bíblico que enseñe esa verdad. Lucas capítulo 15 es el mejor relato que puedes usar para contarles cómo Jesús nos enseña a ir al Padre. Es el relato del hijo pródigo. Usa tu imaginación y lee la Biblia con ellos. Al hacer la lectura puedes:

- Hacer que ellos se coloquen de pie y den un gran aplauso cada vez que menciones la palabra "padre" en el relato. De esta forma mantienes su atención y por medio del aplauso estimulas un pequeño juego que los conecta con la historia.

- Hacer que ellos actúen la obra mientras lees el relato de la Biblia. Les asignas los personajes claves y ello van actuando a medida que lees.

- Utilizar títeres en la narración.

- Usar un tablero y tú mismo o un pintor ayudante que vaya pintando, a medida que lees, las escenas del relato bíblico para que al final tengan un gran cuadro resumen de todo lo que leyeron.

Hay muchas formas creativas de poder leer la Biblia con ellos y retener su atención. Terminado el tiempo bíblico haz preguntas abiertas a los niños para determinar si quedo claro el relato bíblico. Si ves que las respuestas de ellos no son claras, repasa la actividad muy rápido.

TIEMPO PARA MEMORIZAR

Escoge un versículo que refuerce la verdad. Para esta clase el versículo sugerido es: *"Jesús le contestó: Yo soy el camino, la verdad y la vida. Nadie puede llegar al Padre si no es por mí". Juan 14:6*

Conecta el relato de la Biblia con el versículo a memorizar. Explica a los niños que la Biblia es poderosa y nos muestra el único camino para llegar al Padre. Usa una actividad de memorización que los estimule: un juego, un concurso, una canción; una vez más usa la creatividad.

TIEMPO PARA DESCUBRIR CÓMO VIVIR ESA VERDAD

Lee de nuevo el objetivo ¿qué quiero que los niños hagan? Allí quedó claro que lo que buscamos es que ellos "digan a todos que pueden ir a Dios Padre".

Este objetivo evita que la clase sea una clase de teoría y nos lleva a la acción. El verbo escogido es *"digan"*. Bien, vamos a hacer esta actividad con ellos.

Que ellos pinten en una hoja el rostro de tres niños diferentes que están pasando por un momento difícil. Pídeles que debajo de cada rostro escriban (si ya lo hacen) o digan lo que le está pasando a esos niños. Presta mucha atención a lo que ellos comparten. Diles que todos pasamos por momentos difíciles por culpa de las cosas malas que hacemos o que otros nos hacen. Eso fue lo que vivió el hijo pródigo (conecta con la Biblia). Pero, de acuerdo con la clase, ¿cuál es el mejor lugar a donde esos niños que ellos pintaron pueden ir y ser felices? Pide que ellos dibujen en su hoja o escriban cuál es ese lugar.

Concluye: Jesús, el hijo de Dios nos enseñó que el mejor lugar donde podemos estar es donde está nuestro Padre Dios. Podemos ir a él. Si tienes amigos que están pasando por momentos tan difíciles como los que dibujaste en tu hoja; ¿*qué les debes decir*? ¿A *dónde deben ellos ir*? Escucha atentamente sus respuestas y luego diles: "¡Exacto! Cuéntales de un Padre Dios que los espera con brazos abiertos, así como lo hizo con el hijo pródigo".

TIEMPO PARA ORAR CON ELLOS

Simplemente, guíalos en una oración. Oren para aplicar la clase pidiendo a Jesús que nunca olviden que el mejor lugar donde podemos estar es donde está nuestro Padre Dios. También puedes usar una canción relacionada con el tema para conducir la oración, y dar lugar a Dios convenciéndolos a ellos de querer decir a todo el que puedan que Dios es el Padre que nos recibe.

¡¡¡Lo lograste!!! Tienes una clase y lo mejor: transmitiste la seguridad de que Dios nos espera con brazos abiertos como ese Padre de amor que es. Transmite la verdad de la Palabra de Dios por medio de clases que sellen.

3. EL COMBUSTIBLE (LOS RECURSOS)

No sabemos en qué parte del mundo te encuentras, pero donde sea que estés siempre vas a enfrentar este desafío en mayor o menor escala: la falta de recursos.

Si estás en América Latina, la falta de recursos es común en el sentido de que no todos los pastores tienen un presupuesto aparte para el ministerio de niños. En otros casos, no se tienen las instalaciones adecuadas y en la mayoría de los casos no hay materiales para educar a los niños. Es decir, se pone toda la atención a la educación de los adultos y los niños tienden a pasarse por alto.

En Norteamérica, aunque se tienen los recursos, el recurso humano es el que más se necesita porque muchas ocasiones la gente está tan ocupada y/o apática, que necesitas ser proactivo en reclutar constantemente.

En Europa, el desafío es que también que la gente es apática al mensaje de Dios o la imagen de la Iglesia. En otros países los gobiernos no permiten que las iglesias sean propietarias de terrenos, causando un conflicto mayor para hacer un trabajo consistente.

En India, es una combinación de todo lo anterior, el gobierno no permite el mensaje, tampoco que adquieran propiedades, no hay recursos y la gente es poca porque predicar el mensaje puede costarles la vida.

En otras partes del mundo como Asia, los riesgos son más altos demandando que los misioneros dejen sus familias, cultura, idioma y todo lo que tienen con tal de propagar la Buena Noticia.

Sin importar dónde te ha llamado el Señor para cumplir la Gran Comisión siempre tendrás el gigante de los recursos en tu camino, pero gracias a Él, tienes todo lo que necesitas para realizar el ministerio: tienes un llamado divino y al Espíritu Santo como garantía de sus promesas. (2 Corintios 5:5)

EL RECURSO MÁS IMPORTANTE

Mientras estábamos en el Instituto Bíblico Tulsa, Oklahoma (hablan Luis y Sandy), y mientras apoyábamos a una iglesia que manejaba buenos recursos, el pastor de niños, quien ha sido nuestro mentor por las últimas dos décadas nos dijo: "No importa las finanzas o las aulas que tengan, el recurso más importante que tienen son *las relaciones*".

Sin relaciones, no existe el verdadero evangelismo, sin relaciones no sucede el discipulado, sin relaciones no podemos impactar a nuestra sociedad. Si hemos de ser efectivos en el ministerio, es únicamente aprendiendo a cultivar relaciones saludables. El cultivar relaciones saludables con el equipo con el que enseñas a los niños es clave para poder tener un equipo sólido.

Entonces déjanos darte un consejo. Ama a cada voluntario que el Señor te manda. Tienes una misión con cada uno de ellos y, sin importar el tiempo que sirven en tu equipo, valora cada amistad y aunque se retiren, nunca quemes los puentes de las relaciones: no sabes las vueltas de la vida y las personas que en el futuro podrás ayudar y que te serán de ayuda en el ministerio.

Entonces, aquí van algunas sugerencias para el manejo de tus recursos:

1. *Recursos financieros*:

   Si tienes un presupuesto asignado o si recibes un monto de parte de la iglesia para el ministerio de los niños, debes ser el mejor administrador de toda la iglesia.

   Maneja un "diario" en el que contabilices cada movimiento financiero que realizas para el ministerio; es necesario también un reporte mensual para que puedas revisar el manejo y las cuentas que necesitan más recursos. Finalmente haz un informe anual para que tanto el pastor como la administración de la iglesia, verifiquen lo buen administrador que eres.

   Y si no te sientes a gusto con contabilidad es necesario que unas al equipo a alguien que tiene ese conocimiento o, si es factible, contrates el servicio de un profesional.

   Las cuentas claras en los ministerios son muy importantes por sabiduría y por testimonio.

2. *Inmuebles*:

   Sea que la reunión de niños la realices en un salón, o en un pasillo, que tengas un garaje o un patio, debes sobresalir en el buen manejo de tus instalaciones. Debes esforzarte por mantener tus áreas limpias, en orden y con la mejor organización.

   ¿Recuerdas el testimonio de Henry cuando estaba preocupado por tener muchas edades en un mismo salón? Pues ese es exactamente el modelo que debes seguir.

   No pienses que serás excelente y eficiente solo cuando tengas suficiente espacio para hacerlo bien.

   La calidad de tus programas estará determinada (además de la oración) por tu capacidad de hacer clases excelentes y eficientes en espacios pequeños o pocos convenientes.

3. *Staff o personal contratado*:

   Según la estabilidad de tu iglesia, es posible que tengas la opción para contratar personas, es decir, que el trabajo no lo realices solo, sino que tengas personas colaborando contigo en el ministerio.

   Si es así, es importante que tengas una organización bien definía para que el trabajo sea efectivo.

   Debes definir bien funciones y responsabilidades, debes tener una manera de medir los avances y una manera en la que tu personal te dé cuentas de sus avances.

4. *Relaciones*:

Terminaremos con la idea que planteamos al inicio.

A nadie le gusta que lo traten por conveniencia o por interés. Es decir, todos sabemos cuándo alguien es amable con uno, porque está esperando algo a cambio de nuestra parte.

Cuando la gente que realiza el ministerio contigo sabe que es valiosa para ti como personas y no por el trabajo que realiza, entonces, desarrollarás relaciones más saludables.

La obra de Cristo transciende una función de voluntariado o de trabajo. La obra de cristo valora a las personas por encima del servicio que realizan.

Para Dios eres hijo, antes que ser siervo y valora que veas a las personas así.

Apreciamos a todos porque son hijos de Dios, independientemente del trabajo que realizan para nosotros. ¿Por qué es importante? Porque si alguna vez dejan de servir contigo, seguirán siendo hijos de Dios y tu valor para ellos no cambiará.

Nunca valores a las personas por el trabajo, servicio u ofrendas que puedan dar al ministerio.

Valoramos a las personas porque son hijos e hijas de Dios.

SUEÑA EN GRANDE

Quisiéramos invitarte a que sueñes en grande (habla Willy), a que hagas un plan lo más detallado posible de los recursos que necesitas para hacer funcionar de manera excelente el ministerio de niños. Sueña lo más grande que puedas. Sabes que tienes un Padre que es poderoso para suplir tus necesidades conforme a sus riquezas en gloria.

En la conocida historia en donde Jesús quiso alimentar a más de cinco mil personas, Él siguió una secuencia que podría ayudarte al momento de planear los recursos que necesitas.

1. *Pensó en la necesidad de la gente*. Jesús vio que la gente se había quedado hasta tarde y pensó en ella. Cuál es la necesidad que tienes y por qué la tienes, es una muy buena primera pregunta.

2. *Revisó qué tenían*. La primera reacción de los discípulos fue decirle **no** tenemos **nada** y Jesús los invitó a revisar de nuevo. Allí se percataron de que, en efecto, tenían **algo**. Nuestra reacción muchas veces en el ministerio de niños es decir que **no** tenemos recursos. Te invito a

revisar de nuevo y te darás cuenta de que tienes *algo*. Los cinco panes y dos peces eran ese "algo" que parecía muy poco, pero que, en las manos de nuestro Señor, ¡vaya que es mucho!

3. *Planeó como si tuvieran* **todo**. Jesús les pidió que organizaran a la gente en grupos de cincuenta personas. ¡Imagínate cuántos grupos eran! Jesús no planeó en función del *algo* sino en función del **todo**. Haz el mejor plan posible como si tuvieras **todo.**

4. *Obedecieron* y hasta sobró. Con mucho agradecimiento a Dios por haber visto su mano en nuestras vidas, te podemos dar testimonio de que hemos visto la provisión de Dios al crecimiento del ministerio de niños y su sobreabundancia, fruto de una obediencia al plan que Dios nos inspiró a hacer. Realmente es un desafío no planear en función del *algo*, sino en función del **todo**, pero ¡ánimo! Tu Dios y nuestro Dios es el Señor de **todo**.

REVISA EL AIRE EN LAS CUATRO LLANTAS

Como ministros de niños con frecuencia cometemos el error de enfocarnos únicamente en "los niños". ¿Qué? ¿No se supone que todo lo que hacemos es por ellos? ¡Claro que sí! Pero, si únicamente trabajas con ellos, es como que tuvieras tres de las cuatro llantas sin aire.

La estabilidad de un vehículo, está determinada por la condición de sus cuatro llantas, con una sola que no esté bien, tendrás indicadores en el tablero, sonidos y todo lo que la computadora está diseñada para hacer hasta que tomes acción y niveles las llantas.

La estabilidad de un ministerio está determinada por la estabilidad de cuatro áreas:

LLANTA #1: LOS NIÑOS - 1 CORINTIOS 12:22

Ellos son el centro y el propósito de lo que hacemos. Es la llanta con la que debemos iniciar para asegurarnos que se mantenga una condición buena. Si no somos efectivos con los niños, de nada servirá que hagamos bien el resto. Debemos ser excelentes captando la atención y enseñando a las nuevas generaciones.

Ahora bien, debes hacerlo *divertido y creativo*, o de lo contrario fracasarás en tu misión de hacer discípulos. *El lenguaje de los niños es la diversión.*

Recuerda esta fórmula de una clase efectiva:

Diversión + Devoción = Desarrollo

Los niños deben saber que en tus clases se habla el lenguaje de la diversión. De manera que si ellos saben que llegarán y se divertirán estarán más dispuesto a escuchar cuando les vas a enseñar, y eso hace al equilibrio. Fuerte en diversión y fuerte en devoción. De otra manera tendrás una fórmula incorrecta:

Diversión + Distracción = Desenfoque, Descarrío

LLANTA #2: LOS VOLUNTARIOS DIRECTOS, ADOLESCENTES Y ADULTOS – ÉXODO 1

La gente que trabaja bajo tu dirección y en contacto directo con los niños debe ser gente activa y dinámica, gente llena de chispa, vida, lista, atenta, inteligente, proactiva, etc.
Por eso asegúrate de proveerles un desarrollo continuo y un disciplinado intencional. Constantemente busca recursos, videos o personas que puedan capacitar a tu equipo para que se mantengan creciendo integralmente.
Recuerda la fórmula de un maestro de vida:

Emoción + Energía + Espíritu Santo= Excelencia

Cuando empezamos a servir la emoción nos inunda y es lo que nos hace levantarnos y estar más temprano que todos.
Si a eso le sumas la energía, entonces tienes a una persona proactiva.
Pero estos dos elementos, dependiendo de las temporadas de la vida o con la rutina, pueden disminuir o eliminarse. Por eso el tercer elemento en la fórmula es vital para un ministerio perdurable y relevante.
El Espíritu Santo es el aire que llena y mantiene en movimiento las cuatro llantas. Asegúrate de que todo tu equipo tiene emoción, energía y una llenura fresca del Espíritu Santo constantemente y estarás listo para cada piedra en el camino.

LLANTA #3: LOS PADRES - DEUTERONOMIO 6

Como iglesia nuestra misión no es sustituir a los padres, sino saber equiparlos para que realicen la labor que Dios les dio en Deuteronomio 6. De manera que además de educar a los niños, debemos ser intencionales en educar a los padres.

Debemos resetear la manera de pensar de los padres. Resetear el modelo con el que nos educaron, pues como es el único que sabemos, será el que reproduzcamos.

Entrenarlos en medios para conectar con sus hijos y para crear tiempos de calidad con ellos es clave para el discipulado familiar.

Además, compartir lo que enseñamos a sus hijos en la iglesia es importante para que ellos lo reproduzcan en casa; debemos incluirlos en la educación. Mantener conectados a los padres es indispensable.

El escritor mexicano Carlos Cuauhtémoc Sánchez dijo: *"Ningún método didáctico es efectivo si no se refuerza en casa",* de manera que el crear actividades y estrategias que los padres puedan hacer en casa para reforzar lo que enseñamos en la iglesia multiplica de manera exponencial nuestro impacto con la Palabra en la vida de nuestros pequeños discípulos.

Piensa en esta fórmula del aprendizaje completo:

Entender + Retener = Aprender

Cuando las nuevas generaciones entienden una verdad y logramos que la retengan, es cuando realmente han aprendido.

LLANTA #4: EL LIDERAZGO DE LA IGLESIA, PASTORES Y LÍDERES

Los pastores deben entender tu visión para los niños y para los padres. Todo lo que el pastor afirma en el pulpito, los padres lo escucharán y lo harán, al menos en la mayoría de los casos.

Es indispensable que el liderazgo de la iglesia entienda la importancia de enseñar a las nuevas generaciones.

Sin el respaldo del pastorado y del liderazgo de la iglesia en la educación de las nuevas generaciones la iglesia está destinada a la desaparición o a convertirse en una iglesia de gente adulta solamente. En esto consiste el liderazgo generacional.

>LOS BACHES DEL CAMINO<

SUBESTIMANDO LA MISIÓN

Son incontables las veces en las que sientes cómo la mayoría de las personas subestiman, o menosprecian el trabajo con los niños.

Recuerdo que al iniciar nuestro camino misionero (habla Sandy), alguien me pregunto en qué trabajaba. Yo le respondí: "Enseño la Palabra de Dios a los niños". Esta persona me miró y dijo: "O sea que no trabaja...". Le dije de nuevo: "Sí trabajo. Estoy a tiempo completo enseñando la Biblia a los niños", y esta persona cerró la conversación diciendo: "No, pero yo me refiero a un trabajo de verdad".

En momentos así me es difícil no "enojarme" en mi interior porque siento que a veces las personas no entienden el valor de lo que hacemos al invertir nuestra vida enseñando a los niños.

En medio del viaje ha sido notorio el paso de mucha gente por el ministerio de niños y se puede ver una y otra vez la idea de que este ministerio es el escalón más bajo por donde uno comienza para poder ascender luego a un ministerio "realmente importante". Puedes escuchar frases como:

- "Yo ya no soy maestro, ahora ya soy de los de la alabanza".
- "El señor me ha llamado a algo mayor".
- "Uno no puede pasarse toda la vida en el ministerio de niños, debe superarse".

AL ACERCARNOS AL MINISTERIO DE NIÑOS DEBEMOS ESCUDRIÑAR LAS INTENCIONES DE NUESTRO CORAZÓN.

Frases que enmarcan una y otra vez que servir con los niños no es considerado de alto valor cuando realmente lo es, porque Jesús lo consideró importante.

Muchas veces parece que hemos hecho de la cruz una escalera para alcanzar lo que deseamos en nuestro corazón, pero estamos realmente lejos de amar a las personas o interesarnos por ellas.

Al comienzo escuchar estas frases me causaba enojo, una molestia interna por ver el menosprecio hacia los niños. Siempre relaciono estos momentos con el pasaje bíblico que narra cuando los niños querían venir a Jesús, pero los discípulos con desdén los detenían e impedían que se acercaran a Jesús:

"También le llevaban niños para que los tocara, pero los discípulos reprendieron a quienes los llevaban. Cuando Jesús se dio cuenta, se disgustó con los discípulos. - Dejen que los niños vengan a mí —les dijo—, porque de quienes son como ellos es el reino de los cielos. ¡No se lo impidan!". Marcos 10:13-14

Al acercarnos al ministerio de niños debemos escudriñar las intenciones de nuestro corazón. ¿Estoy buscando comenzar mi escalera al éxito? ¿Estoy buscando lo mío o realmente amo a los niños y entiendo el llamado de Dios a acercar esos corazoncitos al corazón del padre?

Preguntas:

1. ¿Alguna vez has escuchado a alguien expresarse de esa manera sobre ministerio de los niños? Ten presente los consejos de este libro y la próxima vez, ten una respuesta usando la Palabra. Puedes usar 2 Corintios 12:22.

2. Ahora, hazte el propósito de recordarle a tu equipo constantemente (cada treinta días) sobre la visión de Dios para los niños. Caminamos firmes y sin vergüenza, sabemos a lo que Dios nos llamó y lo hacemos con seguridad y valentía. (Romanos 1:16).

RECURSOS ADICIONALES EN WWW.E625.COM/LECCIONES

>SECCIÓN<

4

HOUSTON, ¡TENEMOS PROBLEMAS!

JESÚS LE RESPONDIÓ:
—¿NO TE DIJE QUE SI CREES VERÁS LA GLORIA DE DIOS? JUAN 11:40

Allí estaba Jesús hablando con Marta, la hermana de Lázaro. Era una situación difícil para ellas. Así también nosotros, podemos encontrarnos con una serie de contratiempos o situaciones adversas que pueden hacer difícil el viaje.

La expresión: "Houston, ¡tenemos problemas!", es una frase que nos recuerda un llamado urgente que la tripulación de un cohete hizo a su base en Houston cuando estaban experimentando problemas en órbita. Bien, todo viaje, incluso los que hagas en cohete, pueden experimentar problemas. El asunto no es el problema en sí, el verdadero asunto es qué solución les vamos a dar a los problemas que surjan en el ministerio. Es que un viaje sin contratiempos es un viaje muy aburrido. La forma en la que solucionamos los problemas es la clave para entender que realmente el ministerio está madurando en Dios.

CAPÍTULO 11

PARADAS OBLIGADAS: LOS PEAJES

Los peajes son importantes, el dinero que allí se recauda, asegura que la vía por donde transitamos será adecuada y que por lo tanto no tendremos tantos contratiempos ocasionados por averías en el autobús para continuar el recorrido. A pesar de ello, es un hecho que siempre vamos a tener que hacer una parada obligada.

Llegó el momento de hablar de un peaje muy importante: el precio a pagar por ser parte de este ministerio, subirnos a este autobús y emprender el viaje.

¿Has pensado, cuánto estarías dispuesto a dar por viajar al lugar que siempre has soñado? Mi respuesta y quizás la tuya, es: "¡Doy lo que sea, no importa el sacrificio ni el valor que deba pagar, lo doy todo!

Siempre quise emprender un viaje muy especial que me permitiera cumplir el sueño de ser mamá (habla Adriana). Esperaba el día en que tendría un bebé en mis manos con todo mi corazón. Lo que nunca dimensioné fueron los sacrificios que debía vivir como mujer y el precio que como pareja también tenemos que pagar a diario por ver el sueño ser papás hecho realidad.

Las prioridades en nuestro hogar cambiaron: el tiempo, el dinero, el tamaño de la casa y hasta el de la nevera cambió. La paternidad y la maternidad es vivir cambios todo el tiempo: no te terminaste de acostumbrar al bebé cuando ya lo estás dejando en el colegio. Sin embargo, todo esto encierra un poder increíble detrás: la construcción de una familia.

Como padres hemos hecho sacrificios y hemos pagado un precio especial, valioso e importante. Hoy, con el paso de los años y muy consciente de que todavía tenemos etapas por vivir y mucho por formar (aún tenemos a nuestros hijos en casa), al verlos sonreír, empezar a tomar buenas decisiones y empezar a ser parte del ministerio con sus comentarios y retroalimentaciones, con certeza podemos decir: "¡Ha valido la pena!". El precio del sacrificio sí que paga el compartir con los hijos la vida del ministerio.

De la misma manera, así como todos los sacrificios que hacemos por nuestros hijos valen la pena, cuando aceptamos el llamado a ser parte de este viaje debemos partir de realidad de que el ministerio requiere sacrificio y que muchas veces deberemos ceder a nuestros derechos para cumplir con cada ruta del mapa, pero esto valdrá la pena cuando veamos cumplirse la visión: ¡el reino de Dios estableciéndose en esta generación! ¡Eso sí que vale la pena!

CUANDO ACEPTAMOS ESTE LLAMADO DEBEMOS PARTIR DE REALIDAD DE QUE EL MINISTERIO REQUIERE SACRIFICIO Y QUE MUCHAS VECES DEBEREMOS CEDER A NUESTROS DERECHOS.

Un día, guiados por nuestros pastores, aceptamos con mi esposo, la invitación por parte del dueño del autobús, a subirnos en este viaje de construir un ministerio de niños. Hoy, después de quince años de sacrificios, invirtiendo nuestras vidas cada fin de semana en formar no sólo un equipo de pasajeros (servidores), sino de sembrar en el corazón de los niños una fe viva, podemos decir que, a pesar de las dificultades, de que a veces nos quisimos bajar porque pensamos que no éramos efectivos, por sentirnos solos en el recorrido o por no ver fruto como quisiéramos: ¡vale la pena!

El precio a pagar es importante, pagas con tu tiempo, inviertes recursos y mueres al reconocimiento público. Erróneamente, muchas personas tienden a pensar que el ministerio sacrifica a la familia. Si bien Jesús nos llama a servir dejándolo todo, sería incongruente que muchos niños reciban salvación por tu esfuerzo y pierdas a tus propios hijos. Por ello, la familia no es uno de los precios a pagar, todo lo contrario, cada miembro de tu familia debe ser un aliado en tu viaje.

¿Cuál es el precio a pagar entonces?

PAGAS CON TU TIEMPO

¡El ministerio de niños necesita *tiempo*! Durante los capítulos anteriores hemos hablado de la importancia de *planear* porque es la forma que nos permite construir de la manera correcta sin perder algo tan valioso como lo es el tiempo.

Como cabeza del ministerio es importante durante la semana destinar tiempo para los siguientes temas:

- Planear las actividades que tendrás con los niños durante el fin de semana. ¡No improvises! Ellos son los primeros en detectar cuando no has preparado la clase y estás haciendo algo para salir del paso. Saben muy bien cuándo realmente algo es aburrido. Queremos que los niños anhelen venir a la iglesia, no que lo eviten y la única razón por la cual los niños no desean venir a la iglesia es porque no hay nada preparado con amor para ellos.

- Organizar las funciones que el equipo de servidores cumplirá durante cada reunión, confirmando su asistencia para que cada una de ellas se cumpla y así evitar contratiempos de última hora que generan caos, desorden, estrés y cansancio.

- Evaluar el fin de semana que acaba de pasar. Hemos hablado de crecimiento y crecer es revisar cómo hemos hecho las cosas, cuáles han sido efectivas y cuáles no con un objetivo: mejorar.

- Ejecutar lo planeado en la semana. Llegó el fin de semana y eso implica mucho tiempo: es el tiempo con los niños, con el equipo, con los papás. Cuando los vemos dejar y recoger a sus hijos, es el día donde descubres que diste mucho más: la milla extra.

Qué alegría cuando al final de la jornada ves los niños sonreír o escuchas que les dicen a sus padres que quieren regresar. Aun con los pies cansados, dirás al terminar el día: ¡valió la pena!

INVIERTES RECURSOS

Todos los ministerios necesitan recursos y el de niños no es la excepción. Necesitas invertir desde materiales para hacer manualidades hasta, cuando se puede, un refrigerio para entregar a los niños al finalizar.

El ministerio de niños es beneficiado por la iglesia principal y ella debe destinar los recursos para que pueda funcionar y cumplir con la tarea de pastorear a los niños.

EL MINISTERIO DE NIÑOS NO ES EL LUGAR PARA QUE LA NECESIDAD DE RECONOCIMIENTO SEA SUPLIDA. MUERES AL RECONOCIMIENTO PÚBLICO PERO RECIBES UN PASE DE INGRESO PARA VER LA GLORIA DE DIOS DE GENERACIÓN EN GENERACIÓN

En nuestra Iglesia (hablan Henry y Adriana) el pastor principal es quien ha marcado que se debe dar lo mejor no sólo al auditorio de adultos sino también a la iglesia de los niños. Ésta debe contar con los recursos que sean necesarios para desarrollar las clases, por esto, no sólo tenemos un lugar especial y un refrigerio para los niños, sino que el equipo de servidores tiene un uniforme y también pueden disfrutar de un refrigerio. Visitando muchas iglesias hemos descubierto que hay muchas restricciones presupuestales para adquirir recursos. Si bien el pastor en nuestra iglesia ha sido muy generoso con el ministerio, nuestra historia empezó con nada de dinero disponible.

Siempre se van a necesitar recursos, sin embargo, nunca va a faltar la creatividad para encontrarlos. Los niños no necesitan recursos deslumbrantes para aprender, pero sí una iglesia que los ame. El principal recurso que debes tener listo para invertir es genuino amor hacia ellos. Lo haces cuando estás dispuesto a detener cualquier actividad planeada por escucharlos, te aprendes sus nombres, recuerdas lo que ellos te contaron y los haces a ellos lo más importante en la iglesia después de la presencia de Dios.

¿Recuerdas cuando te contábamos cómo los niños seguían a Jesús por donde Él iba? Finalmente, las enseñanzas de Jesús se daban en medio de caminos, montañas, barcas y a la entrada del templo. El principal recurso que no debes olvidar nunca es dar mucho amor.

Nosotros ponemos los recursos, los peces y los panes; Dios se encarga de hacer el milagro: los multiplica cuando invertimos en los niños, a quienes les pertenece el Reino de los cielos.

MUERES AL RECONOCIMIENTO PÚBLICO

Creo que el ministerio de niños, es uno de los lugares donde se encuentran los tesoros más especiales de Dios, no sólo por los niños, sino por los acompañantes en este viaje: los servidores.

Al ser un ministerio "escondido", es decir no visible, puedes reconocer a aquellos que brillan por su humildad: los servidores incondicionales. En este lugar la audiencia son los niños.

Nunca hemos escuchado frases como: "Me encantó el versículo que usaste", o "Esa hoja de trabajo fue muy profesional", de parte de un niño. El ministerio de niños no es el lugar para que la necesidad de reconocimiento o el aplauso de los hombres sea suplida. Si esta es la motivación del corazón, con sinceridad debo decir que este no es el ministerio indicado.

Cuando sirves en este lugar con la motivación correcta, te encuentras con el aplauso de aquel que está sentado en el cielo, a la diestra de Dios: Jesús. Cuando esto pasa, tu corazón es como el de un niño, humilde para recibir la mejor de las recompensas, la que viene de las manos de Dios.

"Y el que le dé al más humilde de mis discípulos un vaso de agua por el simple hecho de que es mi discípulo recibirá su recompensa: esto se lo aseguro yo a ustedes". Mateo 10:42

Nuestra recompensa es ver la gloria de Dios en la vida de los niños, como la vieron Marta y María al ver a su hermano Lázaro vivo. Veremos un niño o niña que se convertirá en un adolescente, que irá a la universidad, empezará a trabajar y formará un hogar que buscará establecer el Reino de Dios en la siguiente generación. ¡Eso lo paga todo! Mueres al reconocimiento público pero recibes un pase de ingreso para ver la gloria de Dios de generación en generación.

GANAS TU FAMILIA

Cuando Dios nos permite formar un hogar siendo cabezas del ministerio, cada miembro de la familia tiene un puesto en el ministerio. Hemos sido testigos de cómo Dios cuida a una familia que sirve a los más amados y pequeños de Su casa, los niños.

Cambiemos la percepción de que en este viaje tu familia debe ser la primera sacrificada. ¡No, no es así! Tu familia no debe ir a contramano de la visión o del llamado, al contrario, ella lo complementa y será parte del mapa y del sueño, si tú la llevas a amar lo que amas y la contagias de la misma pasión.

Si tienes hijos, ellos son tu primer ministerio, ellos tienen el privilegio de ser pastoreados directamente por sus padres, así tu misión sea ser la cabeza del ministerio de niños. Recuerda que eres el papá de tus hijos, no su pastor. Ellos siempre deben saber que en casa tienen un papá y una mamá, y la misma persona que ven en casa es la que deben reconocer en el ministerio.

Los niños de tu iglesia no están en competencia con tus hijos, por el contrario, son tus hijos quienes tienen las primicias del ministerio y te ayudarán, si aún son pequeños a evaluar y descubrir qué clases fueron un hit (las mejores) y cuáles no tanto y necesitan una revisión. Si ya están más grandes, pueden ser parte de los acompañantes del autobús y consagrarse como los mejores servidores, porque tú los habrás inspirado y marcado con tu ejemplo. Encontrarás que en la adolescencia ellos posiblemente no quieran seguir tus pasos, eso es muy común en esa etapa. Sigue sirviendo con pasión y amando a tus hijos con total dedicación. Las dos cosas (el servicio a Dios y el amor demostrativo a tus hijos) deben ir en paralelo y la consecuencia será un sí definitivo al llamado que Dios les haga a ellos.

Nuestro sacrificio y esfuerzo nunca se comparan con el sacrificio que Jesús (el dueño de autobús) hizo por cada uno de nosotros y por cada uno de los niños que cada fin de semana nos permite alcanzar. El dio su tiempo, sus fuerzas (caminó mucho) su oración de día y de noche, su familia: los discípulos eran su familia. Él no dio un sacrificio que no le costó, sino que dio su propia vida por amor.

Es el Amor por Dios y por lo que más ama, su iglesia, lo que nos ayudará a esforzarnos con alegría a pagar el precio, sin importar los baches o las dificultades que encontremos en el recorrido durante este espectacular viaje.

RECURSOS ADICIONALES EN WWW.E625.COM/LECCIONES

12
CAPÍTULO

CUANDO ALGUIEN SE BAJA DEL AUTOBÚS

Trabajamos con personas y no robots y por esto tenemos que estar preparados para estas circunstancias:

1) DESERCIÓN

Desertar viene del término desertar y significa abandonar, dejar, alejarse, etc. Hay una realidad que debemos aceptar: sin importar cuánto capacitemos, entrenemos y animemos a nuestro equipo, la realidad es que *algunas personas van a abandonar el viaje*. Es feo cuando vemos que una persona está creciendo, está avanzando parece que va bien en el desarrollo en el ministerio y de la nada dice: "Me voy". Si has invertido mucho en esa persona, mayores serán los sentimientos encontrados que te produce esa noticia.

Piensa en estos dos puntos:

#1.- Primeramente, que 1 Samuel 16:7 nos dice:

"Pero el Señor le dijo: No juzgues al hombre por su apariencia. No, no es este. Yo no escojo como los hombres lo hacen. Los hombres juzgan por la apariencia exterior, pero yo miro el corazón".

Muchas veces en el ministerio cometemos el mismo error del profeta Samuel: nos impresiona la apariencia y el exterior. Tendemos a poner nuestra vista en lo dones, talentos y carisma de las personas y entonces invertimos en ciertas personas por lo que parece que son. Pero el talento, el carisma y el ser social y espontáneo no es suficiente. Se necesita la llenura del Espíritu Santo para realizar la obra, sin esa llenura el viaje no se completa con éxito.

SIN IMPORTAR CUÁNTO CAPACITEMOS, ENTRENEMOS Y ANIMEMOS A NUESTRO EQUIPO, LA REALIDAD ES QUE ALGUNAS PERSONAS VAN A ABANDONAR EL VIAJE.

Debes ser dirigido por el Espíritu Santo para elegir a las diferentes personas en la estructura de liderazgo que tiene tu equipo.

No te apresures en nombrar a la gente, dale tiempo al tiempo. Hay cosas que sólo el tiempo prueba.

Otra opción es que no pongas puestos de liderazgo eternos, sino establece un periodo de tiempo en el cual puedas sentarte con cada líder y revisar su trabajo antes de iniciar otro periodo.

El establecer periodos de liderazgo te ayudará a reubicar personas que no pueden liderar y que posiblemente hagan un mejor trabajo en otra posición. Estableciendo eso desde el principio, cuando necesites mover a las personas a otro sitio lo podrás hacer sin conflictos.

#2.- En segundo lugar, 1 Corintios 3:6 nos dice:

"Mi tarea fue sembrar la semilla, y la de Apolos fue regarla; pero Dios fue el que permitió que germinara".

Los discípulos y la obra no nos pertenecen, el Señor es el dueño de la obra; hay personas que Dios las trae bajo tu liderazgo con el propósito de que las formes por un tiempo y luego Él las llevará a otro lugar para seguirlas formando.

Ten esa premisa en tu corazón para evitarte heridas innecesarias. No te desapruebes por eso, es más celébralo.

Algo que implementamos en nuestro equipo (habla Luis) es que cuando tenemos reunión de todo el equipo, pasamos al frente para presentar y bendecir a todos los recién integrados; y al mismo tiempo pedimos que pasen al frente aquellos que se retiran y con el mismo gozo les bendecimos en la nueva etapa que inician. Cuando alguien abandona el viaje, entendamos o no las razones por las cuales lo hacen, queremos asegurarnos de hacer nuestra parte bien al bendecirlos en el viaje que ellos empiezan.

La obra del Señor no se detiene porque ellos se vayan, nosotros plantamos en ellos, Dios continúa obrando. Celebra y continúa el viaje.

Que el viaje termine bien

Que algunas personas se bajen del vehículo no es un problema en sí, en un viaje no todos logran llegar al mismo destino, hay estaciones o paradas en el camino en donde algunos decidirán bajarse. Lo realmente importante es enseñarle a tu equipo a cerrar bien los ciclos y a no levantar muros, sino a construir puentes de relación, aunque ya no viajemos juntos.

Como ministerio, independientemente del motivo del retiro, buscaremos siempre:

Cerrar el ciclo en paz. La manera en la que salimos de un lugar dejará puertas abiertas o las cerrará definitivamente.

Animemos a nuestro equipo a cerrar en orden cumpliendo sus fechas de compromiso, a mantener la paz y el mismo corazón de gozo con el que iniciaron.

Ser genuinos en la comunicación con los líderes y pastores traerá bendición a todos.

Ahora bien, para el éxito de este cierre se requiere la buena voluntad de ambas partes. Generalmente el voluntario buscará evadir el proceso por inmadurez o por raíces de falta de perdón en su corazón. Nuestra parte es hacer lo mejor que podamos; lo que los demás determinen no dependerá de nosotros.

Bendecir al voluntario. "Déjate bendecir" es una frase que continuamente debemos escribir en el corazón del equipo. Vestirnos de espíritu noble y dispuesto a recibir una bendición para despedirse del equipo es algo que no puede faltar.

Crea puentes no muros. Enséñale al equipo que no viajamos juntos por gusto o casualidad, sino que Dios nos ha puesto a caminar juntos y nos une su sangre, no el trabajo. Así que mantener relaciones saludables es muy importante en este viaje. Si en algún momento algo cambia y alguien se va enfócate en mantener sanas las relaciones dejando abiertos puentes de relación y no muros que bloqueen para siempre las relaciones.

Papelería al día. Es importante llenar una papelería de retiro para llevar registro de que su salida fue voluntaria, y retener el ID que le permite moverse libremente en las áreas de niños. Son procesos de orden y seguridad.

Despedida del equipo: Las despedidas no siempre son agradables, es triste y a veces incómodo pero son necesarias para hacer cierres completos y para liberar a la persona del compromiso.

2) CUANDO BAJAMOS A UN ACOMPAÑANTE DEL AUTOBÚS

En el relato que te vamos a presentar, no bajaron al miembro conflictivo de un autobús: al él lo tuvieron que bajar de un barco. Su nombre era Jonás. En toda iglesia los niños conocen muy bien este relato de la Biblia.

Dios le dijo a Jonás que debía ir hacia una ciudad llamada Nínive para cumplir con una misión especial, pero él no le obedeció sino que muy decidido tomó un barco hacia otro lugar llamado Tarsis.

Ya en el barco, se desató una fuerte tormenta que colocaba en peligro a todos sus tripulantes. En medio de la angustia, Jonás no tuvo otra opción que reconocer que él era el causante de la tempestad, por eso, los marineros lo expulsaron del barco tirándolo al mar, y por fin, la fuerte tormenta cesó.

Dios no abandonó a Jonás. Él sabía que, a pesar de su desobediencia, era un hombre que cumpliría con la misión, así que en su inmensa bondad permitió que lograra sobrevivir dentro de un pez muy grande por tres días y tres noches (Jonás 1).

En ese lugar, dentro de un pez, Jonás el "expulsado" se arrepintió, pidió perdón a Dios y aprendió el significado del precio de una segunda oportunidad. Dios extiende su misericordia y perdón hacia Jonás quien finalmente obedece y después de muchas confrontaciones, logra descubrir el gran amor en el corazón de Dios por los de Nínive.

Si analizamos en detalle la vida de Jonás podremos descubrir que, en algunas y muy específicas ocasiones, será necesario, como cabezas o conductores del autobús, tener el carácter, firmeza y amor para detener y pedir a algunos de los acompañantes que abandonen el viaje. ¿Cuándo alguien debe abandonar el ministerio? Cuando deliberadamente está impidiendo que el propósito del ministerio se cumpla.

No importa la persona que sea, ten presente que Dios tiene el control de su vida y es Él quien en ciertas paradas en el camino nos tiene que sacar de los barcos en los que vamos y tratar con nosotros temporalmente por separado.

No olvidemos que una de nuestras misiones como conductores del autobús es proteger los niños, la visión y a los demás integrantes del equipo. ¿Recuerdan los marineros que viajaban con Jonás rumbo a Tarsis? Dios también los protegió y lograron estar a salvo de la fuerte tormenta cuando Jonás dejó el barco. (Jonás 1:15-17)

Nuestro objetivo no es descalificar y "destruir" a la persona que comete la falta, antes que nada, somos iglesia y debemos confrontar la situación dirigidos por el Espíritu Santo quien nos dará sabiduría y amor, y siempre bajo la cobertura y el respaldo pastoral.

Antes de hablar con el servidor debemos orar y pedir a Dios que, de la misma manera como lo hizo Jonás, quien reconoció su error y tomó la decisión de salir, la persona implicada sea consciente de su falta y facilite su salida del ministerio. También debemos contar con la respectiva autorización de la persona en autoridad que la iglesia designe para el tratamiento de estas situaciones.

En algunos casos, hemos visto cómo Dios obra en el corazón de la persona, tanto, que antes de que nos enteramos de alguna situación en particular, como un pecado deliberado y de riesgo para los niños o de un conflicto serio, el servidor deja por voluntad propia el ministerio. Es allí, cuando reconocemos la soberanía y el poder de Dios al cuidar su casa y a los niños.

Sin embargo, cuando la persona en cuestión debe ser llamada a cuentas, se requiere de un balance exacto entre la confrontación por la falta y el amor por la persona. Sin ese balance, no va a haber fruto. Para ser justos al momento de confrontar a un servidor, es importante establecer cuáles son las causas de sanción o expulsión del ministerio estableciéndose como reglas que los servidores deben conocer desde que empiezan a ser parte del equipo. A continuación, describimos algunas de ellas:

La repetición de una práctica de pecado que coloque en riesgo la fe de los niños:

Pablo escribe en su primera carta a Timoteo, el manual de instrucciones para la administración y disciplina en la iglesia. (1 Timoteo 3:1-5)

Podemos afirmar que estas instrucciones son claras y básicas para aquellos que hemos aceptado el reto y el llamado de servir en su casa, (en este viaje en particular, a los ministros que sirven entre los niños). El llamado es a llevar una vida irreprochable en otras palabras, una conducta aprobada.

Frente a este tema, 1 Corintios 10:12 presenta una gran realidad: el pueblo de Israel a lo largo de los relatos bíblicos caminó varias veces por viajes de desobediencia deliberada. Pablo hace una relación entre la historia del pueblo y lo que pasa en una iglesia cuando se permiten excesos no sanos. Sin embargo, al destacar tan abiertamente la conducta de pecado de la iglesia, expone la siguiente conclusión:

"Por lo tanto, el que piense que está firme, tenga cuidado de no caer". (v12)

Nadie está exento de caer en pecado o ceder a la tentación, pero es nuestra responsabilidad como Hijos de Dios, perdonados por la obra de Jesús en la cruz y llamados a servir en Su casa, caminar y mantener una vida en santidad que dé ejemplo a los niños y que les presente a ellos el testimonio del respaldo que Dios da a aquellos que han decidido permanecer fieles a lo que Él estableció.

Maltrato a un niño, a un servidor o a un padre.

Con mi esposo (habla Adriana) nunca olvidaremos, el día que al finalizar una de las reuniones, tuvimos que hablar con un servidor porque había maltratado a uno de los niños pequeños. Recuerdo que oramos antes de hablar y confrontar la situación y Dios nos respaldó poderosamente porque inmediatamente aceptó su falta y reconoció que se desesperó, perdió la paciencia y recordó que él también había sido muy maltratado en la niñez.

Como cabezas del ministerio le recomendamos tomar una pausa en su servicio, con el objetivo de trabajar las áreas de su carácter que la hacían explotar o perder la paciencia.

En la iglesia local donde pastoreamos, cada uno de los servidores debe asistir a una célula, donde tienen un líder quien los apoya de la mano del Espíritu Santo a trabajar con heridas en su corazón, perdonando seguramente a muchas personas que marcaron su infancia y animándolos a vivir una vida bajo el fruto del Espíritu Santo. (Gálatas 5:22).

El servidor tuvo que acercarse al niño, restaurar la relación pidiendo perdón a él y a su familia. Como cabezas de ministerio no pasamos por alto la situación y por esto hablamos no solo con el servidor sino personalmente con los padres, pidiendo perdón y comprometiéndonos con el niño a estar listos a escucharlo y apoyarlo cuando lo necesite.

La misma forma de proceder la manejamos para aquellas situaciones que se presenten cuando los eventos ocurran entre servidores o con un padre de familia. El objetivo es no pasar por alto la circunstancia, sino dar solución pastoreando a los niños, la familia y a los servidores involucrados.

Rebeldía

En el capítulo 2 explicamos la alta importancia que tiene que la cabeza del ministerio de niños honre y se someta a la visión y las directrices del pastor principal. Lo mismo debe ocurrir con el equipo de servidores en su relación con el pastor de niños. La sujeción a la autoridad es una de las señales clave de un ministerio de niños sano. El equipo de servidores o staff debe tener claros los rangos de autoridad dentro del ministerio de niños y respetarlos acatando las órdenes que se dan.

HAY UNA REALIDAD: SIN IMPORTAR CUÁNTO CAPACITEMOS, ENTRENEMOS Y ANIMEMOS A NUESTRO EQUIPO, LA REALIDAD ES QUE ALGUNAS PERSONAS VAN A ABANDONAR EL VIAJE.

Este respeto a la autoridad nunca se construye por medio de las confrontaciones permanentes, regaños, demandas, o quejas. El respeto a la autoridad se gana con el ejemplo, el servicio, el amor y el respaldo que Dios da sobrenaturalmente sobre las cabezas que él ha puesto (Romanos 13:1-2).

El ejemplo de obediencia y respeto a las autoridades de todos los que vamos en este viaje (servidores, pastores, maestros, líderes) es una fuerza viva que cubre a los niños y les da la mejor inspiración posible para que ellos también vivan en el poder de la obediencia y de la honra. Cuando Dios encuentra una iglesia que honra, Él mismo a su vez honra a esa iglesia llenándola de un mayor nivel de gloria.

Conflictos, peleas o altercados, división:

"Si se aman unos a otros, todos se darán cuenta de que son mis discípulos". Juan 13:35

En este viaje debemos enseñar a los acompañantes que todo será hecho y dicho con amor. Esta es la forma en la que Jesús será real para los niños que pastoreamos, por el *amor*. Muchos de ellos viven situaciones de conflicto pelea y división en sus hogares, sería muy triste que vieran lo mismo en la casa de Dios.

Nuestra responsabilidad como pastores de niños es hacer que la iglesia sea un lugar donde los niños no solo se sienten amados, sino en donde pueden ver de manera muy palpable el amor y unidad por el trato que nos tenemos los unos con otros.

Cuando identificamos a alguien que está generando conflictos o división, también debemos hacer un llamado a cuentas para establecer un debido proceso donde escuchamos las dos partes en conflicto buscando restaurar la relación.

La *paz* es una política más que impartimos al equipo de acompañantes de este viaje. La paz es un reflejo de caminar en unidad. Somos *un* ministerio que viaja con *un* sueño, divididos nunca lo alcanzaremos. El salmo 34:14 dice:

"Apártense del mal y hagan el bien. Procuren vivir en paz con todo el mundo; esfuércense en ello".

La Biblia dice que debemos esforzarnos en ello. Si la Biblia hace énfasis en la palabra "esfuércense" es porque Dios mismo sabe que la unidad requiere esfuerzo. Lo anterior quiere decir que la persona que lidera el ministerio de niños tiene que sumar cada día más fuerzas en mantener la unidad. Unidad en torno al llamado, a la autoridad de la Biblia, a la autoridad de la iglesia, a las estrategias de trabajo de los equipos y a la forma de bendecir a los niños. Ten presente que la palabra *separación* rodea a los niños en este tiempo; la iglesia debe ir en contra de la separación predicando y viviendo la unidad.

Juicio y crítica

Somos iglesia y no manejamos un buzón de sugerencias en la entrada, pero sí aceptamos comentarios constructivos que nos ayuden a mejorar y crecer, por esta razón, es muy bueno compartir con los acompañantes la siguiente política: "No criticare, daré soluciones". (Efesios 4:29)

Iniciamos este capítulo con una realidad: las dificultades surgen en el camino y la clave no es omitirlos, sino solucionarlos de la forma más adecuada. Si no los enfrentamos, no solo generamos un mal ambiente durante el viaje, sino que podemos abrir puertas al pecado y cuando esto sucede no seremos nosotros o alguno de los pasajeros quienes nos bajamos del autobús, sino que pondremos en riesgo la manifestación de la presencia de Dios en medio nuestro y en medio de los niños.

2) CUANDO TÚ TE DEBES BAJAR DEL AUTOBÚS

Un ejercicio sano en el liderazgo es siempre pensar en cómo hacer que el ministerio funcione cuando tú ya no estés. Parte de la formación de los discípulos de Jesús fue su constante afirmación de que se iba a ir.

Jesús sabía que les convenía a sus discípulos que él se fuera porque vendría el consolador. Preparó a su equipo y Él mismo caminó sabiendo que se iría. No desarrolles el ministerio de niños (ni ningún ministerio) pensando que tu posición es infinita.

Una vez me enseñaron (habla Willy) que el trabajo de un papá es preparar a su hijo para cuando ya no esté en casa. Este es un consejo que doy a cada uno que puedo. Mi hijo mayor se fue a la universidad a los 18 años. Sabíamos que eso iba a pasar y puedo compartir lo beneficioso que resultó ser saber esto y trabajar en función del momento en que ya no estaría con nosotros diariamente.

Tu meta como líder debe ser que el momento en que tú te retires veas a tu equipo lograr cosas mayores que las que tú hiciste. Si no, muy probablemente habrás ejercido un liderazgo que no es compatible con lo que nuestro maestro nos enseñó.

Preparémonos para pasar el volante a otro conductor

Uno de nuestros líderes (habla Luis) usó una expresión que me llamó la atención: "Necesitamos estar Timoteando", haciendo referencia al trabajo que hizo Pablo al discipular a Timoteo.

Es indispensable que, como líderes, como hombres y mujeres que somos llamados para la obra del Señor, entendamos que la obra requiere que nosotros pasemos nuestro conocimiento a las siguientes generaciones.

El ministerio será tan poderoso como tantas generaciones reúnas en tu equipo de trabajo. Necesitamos que las generaciones mayores discipulen a las nuevas para que el trabajo continúe.

En el libro "Liderazgo Generacional" Lucas Leys presenta, entre muchas y muy buenas propuestas, una manera de organizar y hacer estrategia en la iglesia.

Teniendo en cuenta que los ministerios de las nuevas generaciones se dividen en niños, preadolescentes, adolescentes y jóvenes, la clave es lograr que cada etapa superior, se involucre en el discipulado de la etapa anterior. Es decir, los jóvenes se involucran directamente en la enseñanza de los adolescentes; a su vez los adolescentes se involucran en el discipulado de los preadolescentes y los pre-adolescentes en el trabajo con los niños.

Somos testigos directos de la efectividad de esta estrategia. En primer lugar, porque un 50% de la fuerza de nuestros voluntarios son adolescentes, es decir entre los 13 y 18 años. Son puntuales, comprometidos, fieles y aunque hablan poco y necesitan entrenamiento en muchas áreas, son en muchos casos, más entregados y mejores jugadores de equipo de los adultos. Bien dice el dicho "no puedes enseñar trucos nuevos a un perro viejo".

La segunda razón por la que veo esta realidad es que yo al escribir este libro ya estoy en los cuarentas, y normalmente me presento a los niños con una canción, con un juego o un truco para llamar la atención y poder presentarles un mensaje. Al mismo tiempo mi hijo tiene 15 años y cuando él enseña, no necesita de canciones, juegos o trucos, sino que se conecta inmediatamente con los niños y ellos con él y lo escuchan.

Creemos que la fuerza de un ministerio está en que todos manejemos sanamente el discipulado entendiendo que es la obra del Señor Jesús y que debemos hacer todo lo posible para que el avance no dependa de nosotros, sino del buen trabajo que hagamos al estar "Timoteando" todo el tiempo.

Números 8:23-26 dice: "El Señor le dijo también a Moisés: 'Los levitas comenzarán a servir en el santuario a la edad de veinticinco años, y se retirarán a los cincuenta. Después de su retiro pueden ayudar en el santuario en las tareas ligeras, pero no tendrán deberes regulares'".

En el tiempo del Tabernáculo, cuando el pueblo de Israel era peregrino, la tarea de los levitas era desarmar el Tabernáculo, trasladarlo y luego de llegar a la siguiente parada debían desmontar y armarlo de nuevo. Eso requería de una buena logística y fuerza física.

Y aquí aparece la estrategia, el servicio de desarmar, cargar, desmontar y armar iniciaba a los 25 años, ya que poseían la fuerza y la juventud, pero no la experiencia. Al llegar ellos a los 50, ya no cargaban porque no tenían la fuerza ni juventud de los de 25, pero sí la experiencia. De manera que el de 50 no es que se retiraba, sino que se convertía en el mentor de los novatos, y es así que logramos que nuestra experiencia capacite a las nuevas generaciones, las cuales tienen una fuerza e influencia de mayor impacto en las generaciones que les vienen siguiendo.

Una manera sana de verlo es la frase con la que hemos entrenado a nuestro equipo: *"Debemos liderar para faltar"*. La obra no debe detenerse nunca por nuestra causa. Si soy buen mayordomo del liderazgo que el Señor me entregó, voy a discipular a las nuevas generaciones para que continúen el discipulado que Dios nos llamó a hacer. (Marcos 16:15)

RECURSOS ADICIONALES EN WWW.E625.COM/LECCIONES

CAPÍTULO 13

LAS REGLAS CLARAS: HABLEMOS DE DISCIPLINA

Los niños son lo que nosotros llamamos "cemento fresco". Eso significa que en el trabajo con ellos todo lo que hagamos va a dejar huellas muy firmes que los seguirán a lo largo de sus vidas. Cuando pensamos en disciplina no pensamos en una iglesia de normas, reglas, prohibiciones y sanciones. Esas no son las huellas que estamos llamados a dejar en la vida de los niños.

¿CÓMO EJERCER ENTONCES DISCIPLINA EN LA IGLESIA DE NIÑOS? TE LO VAMOS A RESUMIR MUY CLARAMENTE. ¡CON AMOR!

En esencia, la palabra disciplina tiene su mismo origen en la palabra: discípulo. Al tener que ejercer disciplina realmente lo que estamos haciendo es formando un discípulo, y ese es el secreto en la tarea que Jesús nos encomendó: hacer discípulos.

¿Cómo ejercer entonces disciplina en la iglesia de niños? Te lo vamos a resumir muy claramente. ¡Con *amor*! Si no hay amor, va a haber represión y división. Los niños, sobre todas las cosas, deben saber que son amados por lo que ellos son para nosotros y no por lo que hacen (su comportamiento).

Esto implica que las personas llamadas al servicio con niños van a tener que pasar fielmente por la prueba de la paciencia (el amor es paciente dice en 1 Corintios 13). Hemos definido con los niños la paciencia como *"la ciencia de tener paz"*. Si te das cuenta, todo esto gira en torno a algo muy importante que permanentemente hay que trabajar en el equipo de servidores con niños: el fruto del Espíritu Santo. Se nos tiene que notar que Dios colocó su Espíritu en nosotros y que lo que nos domina no es el impulso de corregir sino el amor por discipular.

"En cambio, este es el fruto que el Espíritu produce en nosotros: amor, gozo, paz, paciencia, benignidad, bondad, fidelidad, humildad y dominio propio. No hay ley que condene estas cosas. Los que pertenecen a Cristo han clavado en la cruz su naturaleza pecaminosa. Puesto que vivimos por el poder del Espíritu, sigamos la dirección del Espíritu. No dejemos que la vanidad nos lleve a tener celos y enemistades entre nosotros".
(Gálatas 5: 22-26)

DIVULGA LAS REGLAS DE FORMA DIVERTIDA AL INICIO DE TU TIEMPO CON LOS NIÑOS. NO HAGAS DE LAS REGLAS UN TIEMPO DE "REGAÑOS".

Pablo deja claro que los que somos de Cristo, hemos crucificado la carne con sus pasiones y deseos. Cuando estás delante de un niño tienes que estar seguro que tu carne se encuentra totalmente crucificada. Cuando la carne quiere ejercer disciplina fuerte y se torna en enojo, no hay cruz. El enojo contra un niño no es señal de disciplina, es más bien manifestación de frustración. Luego Pablo dice: *"No nos hagamos vanagloriosos, irritándonos unos a otros". (v 26RVR60)*. Ser irritable es entonces señal de vanidad.

Bíblicamente la disciplina no debe ser entonces tomada como castigo. Las únicas personas autorizadas por Dios para disciplinar a un niño son los padres, y para ello hay toda una doctrina bíblica muy clara expuesta en el libro de Proverbios. En el ministerio de niños, la disciplina se debe ejercer bajo el marco del amor. Una idea que te queremos presentar y que te puede ayudar es esta: Crea tu *debido proceso de disciplina,* hazlo claro y divúlgalo entre los niños para que ellos sepan qué esperamos de ellos y qué consecuencias hay si ese comportamiento no se cumple.

Un debido proceso de disciplina con niños en iglesia:

• Les brinda un marco a los niños: "Estás en la iglesia, esta es la casa de Dios y la pasamos muy bien acá. Para eso tenemos que seguir unas reglas que nos ayudan mucho".
En marcar es dar a los niños el contexto de dónde están; es ubicarlos.

Te sorprenderás del gran número de niños que llegan a tu iglesia que no tienen claro en qué lugar están.

- Establece reglas claras en clase. No más de 3 ó 4. ¿Ejemplos?

    - Para hablar, levanta la mano y yo te doy la palabra.

    - Respeta a tus compañeros oyéndolos y nunca haciéndoles daño.

    - Honra a Dios adorando como todos lo queremos hacer.

    - Divertirse es cuidar a las otras personas; pasarla muy mal es hacer cosas groseras.

    - Cuando necesites salir del salón ven a mí y me pides permiso.

    - Todos hacemos las actividades con amor.

    - Yo soy tu profesor de clase y te voy a ayudar. Obedece las instrucciones a la primera vez.

- Divulga las reglas al inicio de tu tiempo con ellos de forma divertida. No hagas de las reglas un tiempo de "regaños".

- Cuando un niño incumple las reglas, llévalo aparte y cuéntale lo que has visto. Escucha lo que él te dice y con amor en tu tono de voz y expresión, recuérdale seguir las reglas.

- A la segunda falta, vuélvelo a llevar aparte. Ya estás ante un caso de desobediencia deliberada. Explícale que eso no debe pasar más y por eso, asígnale una persona (profesor, apoyo de clase) que le va a ayudar a cumplir con las reglas y a tener un muy buen tiempo.

- Observa al niño. Si se regula; felicítalo. Si por el contrario el mal comportamiento persiste, cuéntale de la importancia de que él mismo lo hable con sus papás.

- Ante un tercer llamado de atención repetido, es muy importante que el mismo niño hable con sus papás, en frente del coordinador o cabeza de ministerio, contando él en sus propias palabras lo que pasó. Esto aplica para niños con cierto nivel de consciencia de sus actos (6 años y mayores). Con niños de edades más pequeñas, el diálogo lo debe dar el profesor, evitando dar quejas.

- La reacción de los papás y la misma convicción del niño va a dar el margen para entender la necesidad de hacer un seguimiento pastoral y tener muy presente al niño en ayuda pastoral o sencillamente bendecir al niño y recomendarle seguir las instrucciones.

Las observaciones que hagan deben apuntar siempre al comportamiento del niño; nunca a su identidad. Frases como "el siempre desobedece" o "nunca podemos llegar a ningún lado con él" dejan marcas muy dolorosas en los niños. La iglesia no es un lugar para tener niños perfectos sino para discipular hijos de Dios.

¿Qué hacer con casos de manejo difícil? Rodea en oración. *El poder de la oración mueve lo que nosotros con nuestros procesos y formas no podemos mover en la vida de los niños.* Por otro lado, busca la forma de mostrarles a los papás que de verdad estamos interesados en el niño. En algunas ocasiones tenemos que pedir al papá que haga presencia durante el tiempo de la iglesia infantil, para que apoye. El papá es clave observando y corrigiendo en el momento en que sea necesario. Esto ayuda a que el niño aprenda el comportamiento esperado de la mano de su propio papá o mamá.

En casos ya muy extremos, se hace necesario que el niño deje de venir por un tiempo a la iglesia. El objetivo de esto es:

1. Concientizar a la familia de que se requiere un trabajo profundo.

2. Llevar a la familia entera a un discipulado en el cual puedan entender el valor de los límites.

3. Que el niño entienda con claridad que puede comportarse de una manera mucho mejor a la que lo viene haciendo.

Tomar la decisión de pedir a un niño que deje de venir por dos semanas o por un mes debe ser una decisión pastoral, tomada por una cabeza ministerial en la iglesia en un diálogo de seguimiento a la familia. No estamos llamados a tomar medidas de este tipo sin el respectivo soporte de los líderes o pastores de las familias en la iglesia.

DISCIPLINA QUE UNE A LOS PADRES CON LA IGLESIA

Más arriba explicamos cómo la palabra *disciplina* viene del vocablo *discípulo*, entonces todo lo que hacemos en la educación de los niños no es para castigarlos sino para hacer de ellos discípulos.

Pero ese proceso puede tener sus desafíos. Algunas veces tendremos niños que, a pesar de nuestra paciencia y amor, nos llevarán al límite, entonces considera estas dos recomendaciones:

1-REPORTE DE OBEDIENCIA

Cuando un niño desafía las reglas, la autoridad de un maestro o tiene actitudes que afectan el ambiente de la clase, debes tomar acción.

En los niños pequeños puede ser que muerden a sus compañeros, en los pre-escolares que golpean con un juguete, en los primarios que peleen o que tengan una actitud agresiva o rebelde, etc.

Para estos casos creamos una hoja que le llamamos "Reporte de Obediencia". es una hoja en la que amablemente le indicamos a los padres que, a pesar de los llamados de atención, su hijo no ha querido seguir instrucciones. Ese reporte tiene la función como un "strike" en el baseball: tienes tres strikes y estas "out". Entonces le entregamos el primer reporte de obediencia al padre o madre indicándole que es el primer strike; si llega a completar tres reportes de obediencia, el niño deberá estar con sus padres por un mes, y para volver uno de los padres deberá quedarse toda una clase con el niño para monitorear el buen comportamiento. (Esta hoja se encuentra entre los recursos en línea del libro).

Para serles honestos, no lo hemos tenido que hacer muchas veces, pero el sólo hecho de establecer ese proceso, despierta la proactividad de los padres y logramos un trabajo en equipo.

2-ANALIZA EL COMPORTAMIENTO

Un temperamento enérgico puede tener varias razones:

A) Es la personalidad que Dios puso en el niño.

B) El niño está expresando falta de atención o afecto.

C) El niño puede estar manifestando problemas en casa.

D) El niño puede tener algún problema de atención o de control de emociones que necesita que un profesional (de preferencia cristiano) acompañe a la familia durante un proceso.

Definitivamente necesitas la guía del Espíritu Santo para tratar cada niño en el que empieces a notar un comportamiento fuera de lo normal. Como ya dijimos, una vez que detectas un comportamiento incorrecto, debes tomar tiempo para observar al niño y mientras lo haces debes estar intercediendo en el Espíritu para que puedas ser dirigido. Es clave saber interpretar de dónde viene ese comportamiento.

RECURSOS ADICIONALES EN WWW.E625.COM/LECCIONES

CAPÍTULO 14

LOS DESAFÍOS DEL CAMINO

Por si todavía no te quedó claro: el ministerio con niños es una gran aventura y eso significa que como cualquier aventura, incluye varios desafíos.

1) CANSANCIO. ¿CUÁNDO VAMOS A LLEGAR?

Esta es la frase más común que los padres escuchamos cuando salimos de viaje como familia. Algunos viajes son más largos que otros, pero todos tienen en común algo: la expectativa por el tiempo de vacaciones, la piscina, los días de sol y descanso, hace que todos, no solo los niños ¡queramos llegar ya! En ese afán o ansiedad el cansancio y el aburrimiento pueden aparecer durante el recorrido.

Nuestro equipo de pasajeros (staff o servidores) también se cansa y quiere saber hacia dónde vamos y cuándo vamos a llegar. Para lograrlo ten en cuenta estos dos puntos:

• *Recordemos la visión del ministerio:*
¡No podemos olvidar hacia dónde vamos! En el capítulo 2 destacamos la importancia de definir la visión del ministerio, es decir, el equipo debe tener claro hacia dónde nos dirigimos.

Después de haberla definido, la clave es informarla a los que estamos entrenando para servir y recordársela permanentemente a aquellos que ya son parte del equipo.

Ten presente que no hay nada más aburrido que escuchar sobre una visión estática o muerta. La visión es la misma, pero siempre Dios debe dar un fuego nuevo sobre ella. Eso sólo se logra con la búsqueda permanente de su rostro, la clave es orar juntos cómo equipo para que la visión permanezca, se desarrolle y cumpla.

En nuestra iglesia cada fin de semana (habla Henry y Adriana), el director del día, que es quien apoya a la cabeza del ministerio en una de las reuniones, recibe y saluda al equipo de servidores aprovechando ese momento tan valioso no solo para hacer las recomendaciones con respecto al desarrollo de la clase, sino también para recordar y hacer énfasis en que cada uno de ellos es parte de una visión como iglesia y de una misión como ministerio.

•*Formemos equipos de trabajo.*

EL CANSANCIO Y DESMOTIVACIÓN EN EL MINISTERIO APARECEN CUANDO TODA LA RESPONSABILIDAD ESTÁ BAJO UNA SOLA PERSONA

El cansancio y desmotivación en el ministerio aparecen cuando toda la responsabilidad está bajo una sola persona.

La Biblia nos habla tanto en el Antiguo como en el Nuevo Testamento de una estrategia fundamental para quienes servimos en la iglesia: formar equipos de trabajo.

En el Antiguo Testamento en el libro del Éxodo, Moisés recibe de parte de su suegro Jetro un consejo muy valioso y clave para obtener buenos resultados en su trabajo.

Jetro, un día en compañía de la esposa de Moisés y sus dos hijos fueron a visitarlo al desierto. (Éxodo 18:5-6)

Durante la visita Jetro observó con detenimiento la labor de Moisés, quien desde temprano en la mañana y hasta la tarde, escuchaba los problemas de las personas del pueblo. (Éxodo 18:13). En este punto descubrimos dos situaciones que estaba viviendo Moisés como líder y que nos pueden suceder como cabezas del ministerio:

1. Asumir toda la responsabilidad de solucionar los problemas del pueblo.

2. Cumplir solo con todas las tareas.

Cuando con mi esposo (habla Adriana) asumimos el llamado de Dios y de nuestros pastores para estar frente del ministerio de niños, éramos

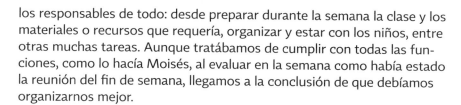
los responsables de todo: desde preparar durante la semana la clase y los materiales o recursos que requería, organizar y estar con los niños, entre otras muchas tareas. Aunque tratábamos de cumplir con todas las funciones, como lo hacía Moisés, al evaluar en la semana como había estado la reunión del fin de semana, llegamos a la conclusión de que debíamos organizarnos mejor.

"Cuando Jetro vio la manera como Moisés atendía al pueblo, le dijo: ¿Por qué estás tratando de hacer todo esto tú solo, y la gente tiene que estar parada todo el día esperando a que la atiendas?". Éxodo 18: 14

Esta pregunta que Jetro hizo a Moisés, era también para nosotros porque Dios quería que revisáramos cómo estábamos haciendo las cosas. Por eso, nos tomamos un tiempo para reflexionar en lo siguiente: "¿Es realmente efectivo nuestro trabajo? ¿Podremos pastorear o cuidar a todos los niños como ellos lo merecen? ¿Qué pasará al pasar el tiempo?".

No solo Moisés, creía tener todo organizado y bajo control, nosotros también lo creíamos. Pensábamos: "¡¡Claro que sí!! ¡¡Podemos hacerlo solos!!" Observemos la respuesta de Moisés a su suegro Jetro:

"Porque el pueblo viene a mí con sus problemas para consultar a Dios —respondió Moisés—. Yo soy el juez y debo decidir quién tiene la razón y quién está equivocado. Además, debo enseñarles los mandamientos y enseñanzas de Dios". Éxodo 18: 15-18

Un versículo más adelante, Jetro insiste: "¡Es demasiado trabajo para ti sólo!".

"No está bien —le dijo su suegro—. Te vas a agotar, y entonces ¿qué le ocurrirá a tu pueblo? Esto es demasiado trabajo para tratar de llevarlo tú solo". Éxodo 18:17-18

¡Gracias a Dios por Jetro! Dios conocía las limitaciones de Moisés, así como conoce las nuestras. Él sabe que la intención de nuestro corazón es la mejor, pero también sabe que necesitamos ayuda para hacer bien la tarea.

"Escúchame y permíteme darte un consejo, para que Dios te bendiga. Sé el abogado de este pueblo, su representante delante de Dios, para que Dios resuelva sus problemas. Tú les comunicarás las decisiones de Dios, les enseñarás sus leyes, y les darás a conocer los principios que deben seguir para tener una conducta correcta. Busca a algunos hombres capaces, piadosos y honestos,

que odien el soborno, y desígnalos como jueces. Nombra un juez para cada mil personas. Y él, a su vez, tendrá a su cargo diez jueces; y cada uno de estos estará a cargo de cien personas". Éxodo 18:20-21

¡Qué gran idea! Jetro nos da la clave: trabajo en equipo. Estoy segura de que Dios te ha rodeado de hombres y mujeres capaces, llenos de dones, piadosos, que aman a Dios, a los niños y a su casa con todo su corazón y que son honestos y en los cuales puedes confiar para entregarles tareas como:

- Desarrollar las clases, los materiales o recursos que se requieren.
- Administrar el equipo de servidores y los recursos.
- Recibir, entregar a los niños y atender sus necesidades.
- Dictar una clase bíblica que sea poderosa divertida.

DEBEMOS DELEGAR TAREAS QUE NOS LLEVEN A DISTRIBUIR LA CARGA Y FORMAR A AQUELLOS A LOS QUE ALGÚN MOMENTO LES ENTREGAREMOS EL VOLANTE.

¿Sabes qué ocurre mientras ellos cumplen responsablemente su función? Nosotros, como cabezas del ministerio podemos dedicarnos a la gran tarea de buscar la dirección de Dios para el cumplimiento de la visión y atender casos o situaciones especiales como Jetro lo sugiere a Moisés:

"Deja que estos hombres se encarguen de administrar justicia. Cualquier cosa que sea muy importante o complicada, pueden traértela a ti. Pero en los asuntos menores, ellos pueden decidir por sí mismos. De este modo será todo más fácil para ti, porque tú compartirás la carga con ellos". Éxodo 18:22

De esta forma, Dios usa a Jetro para enseñarnos una directriz fundamental en el ministerio: el trabajo en equipo. Moisés no solo logró aliviar la carga, sino que amplio su panorama al descubrir las personas valiosas que lo rodeaban y cómo con ellas podía proyectarse hacia el futuro.

Como cabezas de ministerio, necesitamos aprender de esta valiosa lección, para ser sabios y delegar tareas que nos lleven a distribuir la carga y formar a aquellos a los que algún momento les entregaremos el volante del autobús.

En el Nuevo Testamento, vemos de nuevo esta directriz fundamental del trabajo en equipo. Con el crecimiento de la iglesia los apóstoles se vieron en la necesidad de buscar personas idóneas para que se encargarán de suplir las necesidades de los creyentes para que ellos pudieran concentrarse en la tarea de predicar la palabra de Dios.

"Pero con la rápida multiplicación de los creyentes, empezaron las murmuraciones. Los que sólo hablaban griego se quejaban contra los de habla aramea, de que sus viudas sufrían discriminación en la distribución diaria de los alimentos. Para solucionar el problema, los doce convocaron a todos los creyentes a una reunión, y les dijeron: Nosotros debemos dedicarnos a predicar y no a administrar el programa de alimentación. Por lo tanto, hermanos, seleccionen de entre ustedes a siete hombres sabios, llenos del Espíritu Santo y que gocen de buena reputación, y pongámoslos al frente de este trabajo. Así podremos nosotros dedicarnos a orar y a proclamar la Palabra". Hechos 6: 1-3

Seguir estas dos recomendaciones traerá descanso y motivará al equipo de acompañantes en este viaje de construir el ministerio de niños. A todo esto, añadiría un punto muy importante: el poder de la oración, el lugar donde nos humillamos reconociendo que necesitamos que Dios nos ayude a cumplir día a día con la visión y para que provea los obreros para construir el equipo de trabajo adecuado.

2) FALTA DE VOLUNTARIOS

Como ya dijimos, uno de los obstáculos en el camino es la escasez de voluntarios para las áreas de niños, porque requiere de mucho trabajo y porque muchos la consideran como el escalón más bajo en la iglesia. Pero no se trata de la cantidad de gente sino de quiénes estén caminando de la mano con el Espíritu de Dios. (Zacarías 4:6)

Sean pocos o sean muchos, la visión y la organización son la clave. Es indispensable tener una estructura de trabajo para trabajar de manera organizada con el equipo que tengas.

Empoderar a las personas que Dios te envía les da sentido de pertenencia. Después de años de trabajo podemos decir con seguridad que no es con muchos que se hace mucho. Es con gente clave bien posicionada que se logra avanzar.

No sé cómo sea tu equipo, si tienes un ejército grande o pequeño, lo que sí te podemos decir es; observa a los más fieles, mira en quiénes Dios está trabajando. Con la ayuda del Espíritu de Dios, ubica a las personas en lo que realmente son hábiles.

Haz lo mejor que puedes con lo que tienes porque el éxito no está determinado por tus estrategias, o por el número de tu ejército, sino por el rendimiento a la dirección del Espíritu en todo lo que hagas.

Ama a tu equipo entendiendo que son el recurso más valioso que Dios te ha dado, motívalos e inspíralos a amar a Dios, a ser fieles a la Palabra y a amar a los niños.

3) LAS QUEJAS

Además de todo lo que hemos hablado a lo largo de este capítulo, podemos decir que las demandas, comentarios fuertes o expectativas no satisfechas de los papás traducidas en quejas hacia el ministerio son como torpedos directos a las llantas de nuestro autobús.

Un ministerio realmente maduro es aquel que sabe que va a enfrentar críticas y que tiene la capacidad de oírlas, entender cuál es su origen, detectar qué de lo que están diciendo merece atención y revisión y descartar el resto sin guardar frustración o dolor. La forma en la que manejemos la crítica y la oposición va a reflejar directamente la firmeza en la convicción del trabajo que hacemos para Dios.

La misma Biblia contiene muchos principios claros acerca de cómo debemos enfrentar las quejas de otros.

1 Tesalonicenses 5:21 dice: *"Pónganlo todo a prueba, pero retengan sólo lo bueno"*. Debemos tener siempre la capacidad de escuchar atentamente y poder discernir (separar lo bueno de lo malo) para pasar a retener, quedarnos, procesar y trabajar lo bueno que hay detrás de cada crítica.

Una de las cosas positivas de las críticas es que te permiten conocer otra perspectiva que posiblemente no has considerado y en el ministerio de niños muchas veces necesitas ampliar la perspectiva. Trabajando con niños vas a entender que hay fundamentales cosas básicas que permanecen, pero muchas ideas, aportes y formas de hacer las cosas nuevas que aparecen en el tiempo. Sin embargo, ten siempre presente que:

Un ministerio no consiste en agradar a las personas sino en agradar a Dios. *"Como han visto, no estoy tratando de ganármelos ni de quedar bien con ustedes. Al único que trato de agradar es a Dios. Si todavía buscara agradar a los hombres, no sería siervo de Cristo". (Gálatas 1:10)*

- Un ministerio consiste en estar siempre listo para adorar a Dios sirviendo a las personas que Él pone a nuestro lado. Servir a otros es aprender a entender sus necesidades y estar ahí para presentarles el amor de Jesús. Él es el modelo perfecto de servicio incondicional.

- Toda decisión y todo cambio debe ser tomada con base en la voluntad expresa de Dios y del direccionamiento de la iglesia principal. Los comentarios son oídos y atendidos, pero no deben motivar los cambios; sólo la voluntad de Dios sobre su iglesia mueve los cambios.

- Escucha atentamente las inquietudes de las personas y da el debido respeto a sus consideraciones. Sin embargo, no te comprometas a hacer lo que te están diciendo. Más bien evalúa qué de lo que ellos proponen o cuentan merecen ser analizado y ser llevado ante Dios.

- Cuando como ministerio hayas podido ofender o lastimar a alguna persona, pide perdón, aunque no te parezca justo. No te acostumbres a liderar un ministerio que pasa por encima de otros sin considerar lo que esperaban. Pasar sin temor por encima de las personas transformará tu ministerio en algo implacable y duro y ese no es el fruto del Espíritu Santo.

- No negocies lo que no debes negociar. La seguridad de los niños, la claridad frente a la autoridad de la palabra de Dios, el respaldo a los pastores, y la fidelidad a la iglesia son temas no negociables.

- La crítica no te debe desanimar. Piensa en cuantas críticas recibió Jesús. Piensa en cuántas críticas y difamaciones hoy continúa recibiendo Jesús. Lee y considera Hebreos 5:7-10. El sufrimiento permitió que Jesús mismo aprendiera obediencia. El poder de esto radica en que esa obediencia lo llevó a un perfeccionamiento. Un buen consejo: cada vez que sufras por causa de una crítica o de una queja, da gracias y mira la forma gloriosa en la que Dios te está perfeccionando.

En tu servicio vas a ser desafiado a desistir del viaje muchas veces. Jesús te entiende. Él mismo fue desafiado un sinnúmero de veces a abandonar el plan de salvación, pero su espíritu se fortaleció en Dios más y más. Liderar un ministerio requiere más que buenas intenciones; requiere de la fuerza interna de Dios en tu vida. Resuelve este tema en tu corazón de la mano de Dios. Piensa en las palabras de la siguiente oración:

"Muchos me gritarán que abandone este viaje; muchos me dirán que no me-rezco estar aquí. Pero mi vida está en tus manos Dios, y la voz que me puede detener es la tuya. Abro mis oídos a tu voz y humildemente me dispongo a ser criticado; tomo tu carga y asumo el yugo y, por encima de lo que venga, creo que tú estás conmigo".

> LOS BACHES DEL CAMINO <

EL DESAFÍO DE FORMAR ADORADORES

Por muchos años hemos mantenido el parámetro de que la atención concentrada de los niños es, en promedio, de un minuto por cada año de vida. Sin embargo, últimamente hemos observado que debido a la exposición cada vez más temprana a dispositivos electrónicos, la atención de los niños es más fragmentada y más difícil de conservar y nosotros debemos adaptarnos a esto.

VER QUE LOS NIÑOS SE METEN EN LA ADORACIÓN Y EN LA PRESENCIA DE DIOS HACE QUE VALGA LA PENA LA PACIENCIA QUE SE REQUIERE PARA FORMAR CORAZONES ADORADORES.

Es importante entender que los niños siempre son nuestro termómetro y nuestro indicador; si llegas a tener una actividad que ha dado resultado por un tiempo pero que últimamente ya no sientes que hace que los niños conecten, debes saber que es tiempo de hacer un cambio para captar la atención y ganar nuevamente la atención; debes cambiar de actividad definitivamente.

Cuando estuvimos en el campo misionero viajando por ciudades, pueblos y aldeas (habla Luis), anhelábamos instalaciones exclusivas para niños, con banda exclusiva para niños y un ambiente perfecto para que ellos adoren. Hoy en día, que tenemos todo eso, la batalla mayor es levantar una generación con un corazón de adoradores en medio de un mundo de distracciones. Hay servicios con son verdaderamente un desafío y el corazón de

DEBIDO A LA EXPOSICIÓN CADA VEZ MÁS TEMPRANA A DISPOSITIVOS ELECTRÓNICOS, LA ATENCIÓN DE LOS NIÑOS ES MÁS FRAGMENTADA

adoradores parece dormido. Por eso con cierta frecuencia, interrumpimos el programa de todo el servicio para hacer un servicio de "Adoración" y hemos podido ver que cuando oramos, buscamos la dirección del Señor y le damos un espacio para que Él se mueva con los niños, entonces algo sucede: cuando los niños claman, Dios responde y se hace presente. Ver que los niños se meten en la adoración y en la presencia de Dios hace que valga la pena cualquier batalla y la paciencia de formar corazones adoradores.

Cuando terminamos un servicio que tuvo una adoración poderosa, nos gozamos y clamamos para que nos dé la gracia para que los servicios que vienen, podamos dirigirlos nuevamente a la presencia del Padre, esa es nuestra meta por excelencia.

"Has enseñado a los pequeños y a los niños de pecho a rendirte perfecta alabanza. ¡Que su ejemplo avergüence a tus enemigos!". Salmo 8:2

Preguntas:

1. ¿Tienes un método continuo para enseñar y motivar a los niños para ser adoradores? Si aún no lo tienes te motivamos a desarrollarlo, te sorprenderás lo que sucede en el corazón de los pequeños que tienen hambre de aprender y poner en práctica.

2. Encuentra en la Palabra diferentes maneras de alabar y adorar, y comparte una de ellas por mes, con ese refuerzo constante, les damos las herramientas para que ellos se conviertan en poderosos adoradores.

3. Por útimo, en tus reuniones con todo el personal que trabaja contigo discipulando a los niños, tengan momentos de adoración; tu ejército debe ser el más conectado en la oración y adoración, y eso se verá directamente reflejado en los niños.

RECURSOS ADICIONALES EN WWW.E625.COM/LECCIONES

> SECCIÓN <

5

¡LLEGAMOS! ¿Y AHORA QUÉ HACEMOS?

"PERO ÉL SE LES ACERCÓ Y LES DIJO: ĐHE RECIBIDO TODA AUTORIDAD EN EL CIELO Y EN LA TIERRA. POR LO TANTO, VAYAN Y HAGAN DISCÍPULOS EN TODAS LAS NACIONES. BAUTÍCENLOS EN EL NOMBRE DEL PADRE, DEL HIJO Y DEL ESPÍRITU SANTO, Y ENSÉÑENLES A OBEDECER LOS MANDAMIENTOS QUE LES HE DADO. DE UNA COSA PODRÁN ESTAR SEGUROS: ESTARÉ CON USTEDES SIEMPRE, HASTA EL FIN DEL MUNDO". MATEOĐ 28:18-20

¿Te imaginas el sentimiento de Jesús en aquel día? Llegó a la meta; cumplió la misión encomendada por el Padre, en estos versos se encontraba despidiéndose de sus discípulos. Imagino que al llegar a la cima de aquel monte, mientras se despedía, contemplaba la victoria de la Cruz, celebraba que volvía al Padre y que dejaba a sus discípulos listos para cumplir la Gran Comisión. Ese viaje con sus discípulos se había completado y ahora les correspondía a ellos continuar con los viajes que Dios había preparado para ellos. Desde ese día, Jesús se sentó a la derecha del Padre y contempla con gran expectativa el viaje que todos sus discípulos realizamos hasta el día que regrese por nosotros.

15
CAPÍTULO

CELEBRA

¿Alguna vez hiciste un viaje largo para llegar a un lugar especial? ¿Qué sentiste cuando finalmente llegaste?

Uno de los viajes más especiales que hemos tenido fue un viaje a un campamento de hijos de leprosos en India (habla Luis). Los padres habían sido diagnosticados con lepra y habían sido enviados a los campamentos en las afueras de la ciudad. Entonces, algunos niños que quedaban solos eran traídos a este campamento.

El campamento de los niños se encontraba en las afueras de la ciudad y estaba rodeado de vegetación, todo era verde y el ambiente era agradable. Pero fue mucho más agradable la buena actitud de los niños: todos sonreían y eran felices.

No tenían a sus padres y el campamento estaba privado de comodidades, pero ellos sonreían y recibieron el mensaje de que Jesús los ama con los brazos abiertos y una gran sonrisa. Hasta la fecha cada vez que vemos las fotos de esa ministración, sentimos que realmente valió la pena todo el esfuerzo.

Cuando finalmente termina un evento, cuando finalmente gradúas a un grupo de niños al departamento de jóvenes, cuando terminas un año más de labores en la iglesia, o terminas un currículo o una Escuela Bíblica de Vacaciones, etc., necesitas detenerte para disfrutar de tu trabajo. Recuerda lo que dijo Salomón:

"Llego así a esta conclusión: primero, que no hay para el ser humano nada mejor que ser feliz y pasarla bien mientras pueda; segundo, que debe comer, beber y disfrutar del fruto de su trabajo, pues estos son dones de Dios". Eclesiastés 3:12-13

Es importante que te tomes el tiempo para celebrar la victoria, para dar la gloria a Dios, el crédito a tu equipo y juntos festejar las cosas que Dios ha hecho. Es un don de Dios que después de una ruta larga, celebres con la gente que te acompañó en el viaje.

¿Has estado en un mirador? Contemplas la vista hermosa, tal vez hasta te quedas sin palabras, la vista no se puede describir. Valió la pena el viaje, valió la pena todo el peregrinaje que nos trajo hasta éste lugar.

CELEBRA TU MISIÓN

El éxito de cada día está en la *actitud* con la que enfrentamos cada cosa. Si mantenemos una actitud de gozo y celebración en nuestro corazón nos será fácil celebrar y ver lo mejor de cada tiempo aun de las temporadas de dificultad.

ES IMPORTANTE QUE TE TOMES EL TIEMPO PARA CELEBRAR LA VICTORIA, PARA DAR LA GLORIA A DIOS, EL CRÉDITO A TU EQUIPO Y JUNTOS FESTEJAR LAS COSAS QUE DIOS HA HECHO.

Sin duda vivimos en tiempos en donde queremos cosechas instantáneas y como no suceden, nuestro corazón tiende a andar en las arenas movedizas del desánimo o el negativismo.

Trabajar con niños es un terreno de siembra a largo plazo, no veremos la cosecha inmediatamente, puede tomar años ver el fruto, por eso es de suma importancia celebrar la siembra ya que la mayoría de nuestra vida estaremos sembrando.

Vivimos en tiempos en donde los títulos a nivel cristiano se cotizan y admiran cada vez más; mira con honor los títulos de pastor, evangelista, profeta etc., pero el título de maestro de niños no parece motivo de celebración para la mayoría.

Sin embargo, cuando vamos a la Palabra y vemos el privilegio de haber sido llamado por Dios para sembrar en los niños, debemos sentirnos honrados y privilegiados de haber sido hallados aptos para esta importante misión de sembrar en los pasajeros de honor de este viaje. El Señor nos llamó, nos eligió, nos dio un propósito y eso es motivo de celebración.

En su Palabra Él nos llama *sembradores* y *agricultores* y nos dice en 2 Corintios 9:6-7 NTV:

"Recuerden lo siguiente un agricultor que siembra solo unas cuantas semillas obtendrá una cosecha pequeña pero el que siembra abundantemente obtendrá una cosecha abundante".

Cada uno debe decidir en su corazón cuánto dar y no dar de mala gana ni bajo presión. Esa es nuestra gran misión, ese será el éxito de nuestro peregrinaje: hacer la voluntad del padre y su voluntad es que yo *siembre alegremente*.

Podríamos pensar que este versículo hace mención a solo la siembra monetaria pero no es así, todo en la vida está bajo la ley de la siembra y la cosecha. Quienes servimos con niños no solo damos nuestro sino principalmente damos nuestro tiempo y talento.

Celebremos la misión que Dios nos encomendó, seamos orgullosamente sembradores de su Palabra, demos honor al llamado que Él nos dio de ser agricultores en su reino. No solo celebremos la cosecha, celebremos la siembra.

Hay un día en donde escuelas e instituciones educativas celebran el día del maestro. Cuánto más dentro de la iglesia debemos tener esta fecha presente o buscar de alguna manera celebrar un día donde honremos la labor de aquellos que han sido dotados con el don de ser maestros y que nos ayudan en este viaje de enseñar bien los principios de la Palabra a los pequeños de la casa.

CELEBRA LOGROS Y DÍAS ESPECIALES

Puedes celebrar de diferentes maneras, he aquí algunas:

#1-En las redes.

Si algo mueve al mundo hoy en día y si de algo hoy la gente anda pendiente es del contenido de las redes. Sé intencional en celebrar y colocar en las redes tus victorias.

#2-A través de boletines.

Si tu entorno es un poco más conservador y prefieres no usar las redes, puedes hacer un boletín para celebrar y comunicar los triunfos. Sin embargo, la gente ahora le pone más atención a lo que reciben en su celular de manera que quizás sea mejor eliminar el papel y generar un boletín electrónico que sea enviado por texto y por email.

#3-Reuniones especiales.

Cuando hay un logro significativo es bueno celebrarlo en una reunión, con juegos, música y muchas fotos del evento. También pueden darse reconocimientos especiales, regalos, medallas o algún detalle para honrar a las personas que dan la milla extra.

#4-Ideas varias.

Nosotros (habla Luis) honramos a los equipos de trabajo de distintas maneras. Una de ellas es que para cada cumpleaños reciben una postal de felicitaciones escrita a mano de parte del ministerio, pero se escribe a mano y lo hace una persona cercana para que la nota sea significativa. Puedes variar con cartas o notas personales en las que la gente pueda ver tu toque personal.

También saludamos a los cumpleañeros en las redes donde publicamos una foto del cumpleañero y un saludo personal en su día especial.

En algunas ocasiones hacemos algo más especial y le otorgamos un premio, placa o algo especial para agradecer y para motivar al equipo. Alguna vez leí que una buena acción recompensada es una acción que se repite y se imita. Es inspirador para todo tu equipo cuando reconoces el trabajo de las personas que se esfuerzan.

Cuando un voluntario tiene un testimonio impactante grabamos una entrevista con él para mostrarla al equipo o a la iglesia. Es clave que la gente escuche lo que sucede en la vida de los voluntarios, y además alimenta la fe de los oyentes y puede motivar a más personas a involucrarse en el servicio. Haz de la motivación tu estilo de vida.

SÉ EQUILIBRADO AL HONRAR A TU EQUIPO

Es muy importante que sepas honrar a la gente de la manera correcta. ¿Has escuchado el dicho: "Se corrige en secreto y se honra en público"? Es correcto pero ambas cosas deben ser hechas con sabiduría y dirección del Espíritu si no, obtendrás resultados que no te agradarán mucho.

Primeramente, debes mantener el enfoque en tu equipo con respecto a que todo lo que hacemos es para la gloria de Dios y para el avance de su Reino. No hay otro protagonista, no hay otra meta, no esperamos nada para nosotros, la gloria completa es para Él. Ya lo hemos mencionado varias veces durante este libro porque debes recordarlo frecuentemente.

En segundo lugar, es importante que siempre caminemos en humildad, especialmente cuando alcanzamos una victoria. Recuerda el proverbio:

"Primero viene el orgullo y luego el fracaso; primero la humildad y luego los honores". Proverbios 18:12

NUESTROS MOMENTOS DE ÉXITO SON NUESTROS MOMENTOS MÁS VULNERABLES. DE NUESTRA ACTITUD DEPENDE SI SEGUIMOS AVANZANDO O SI NOS QUEDAMOS ESTANCADOS EN EL BARRO DEL ORGULLO.

Nuestros momentos de éxito son nuestros momentos más vulnerables y más determinantes en nuestro crecimiento cristiano. De nuestra actitud depende si seguimos avanzando o nos quedamos estancados en el barro del orgullo. Entonces, tal vez te sea útil recordar estas cosas cuando sea el momento de honrar a tu equipo:

"Mientras más humildemente sirvamos a los demás, más grandes seremos. Para ser grande hay que servir a los demás, pues los que se creen grandes serán humillados; y los que se humillan serán enaltecidos". Mateo 23:11-12

1. Si nos enaltecemos, seremos humillados, pero si nos humillamos, entonces Dios nos exaltará.

2. Siempre servimos a los demás con humildad sin esperar algo a cambio.

Con frecuencia (habla Luis), cuando algún padre de familia me ve por los pasillos de la iglesia una de dos, o me da un cumplido o me da un reclamo. Cuando es un cumplido, tengo dos reglas de oro: primero, la gloria es para Dios y segundo, la honra para el equipo; siempre dirijo el comentario o para Dios o para los maestros, no puedo abrazar ese elogio para mí; al fin y al cabo, sin un equipo, no tendríamos resultados. Para todo líder es muy peligros abrazar un cumplido par sí mismo.

MANTÉN EL BUEN HUMOR HASTA EL FINAL

Un viaje es una aventura y toda buena aventura viene cargada de emoción y alegría. Es indiscutible el poder de la *risa*. "El corazón feliz alegra la cara", dice Proverbios 15:13

¿Sabías que una carcajada activa cerca de cuatrocientos músculos? Vivir con alegría y reír tiene muchas consecuencias positivas, te menciono solo algunas:

1. Combate la depresión y el estrés.
2. Tiene un efecto rejuvenecedor porque activa el sistema linfático.
3. Una buena carcajada ayuda a eliminar el insomnio.
4. Elimina toxinas y facilita la digestión.
5. ¡Ayuda a adelgazar!
6. Facilita la exteriorización de emociones y sentimientos.
7. Reduce el riesgo de sufrir infarto.

Todos estos beneficios deberían motivarnos a volver a ser como niños y reírnos un poco más de la vida.

Por algo la invitación de la Palabra en Mateo 18:3 a que seamos más como los niños. Hay un poder en la atmósfera del gozo, de la alegría y el buen humor.

Soy colombiana (habla Sandy) y crecí en medio de un país lleno de música y "tomadera de pelo" como le llamamos a la acción de bromear y sacarle chiste a la vida. Así somos la mayoría en Colombia: gente de buen humor que ha sabido sacarles sonrisas a las temporadas más duras que como nación hemos enfrentado, sin duda eso nos ha ayudado a mantenernos a flote en medio de panoramas grises.

Cuando me fui de Colombia me di cuenta de lo poderoso de estar vestidos de buen humor. Llevo ya veinte años viviendo fuera del país y a través de los años he podido ver el poder de sonreír y hacer sonreír.

Cuando sonríes desde adentro y llevas esa atmósfera a donde vas, dibuján-dole sonrisas a las personas y a la vida, todo avanza mejor. No porque todo este bien o porque siempre tengas motivos para sonreír sino porque, como cristianos portadores del fruto de su Espíritu, estamos vestido del gozo de Dios y este gozo es nuestra fortaleza.

Una alegría pasajera no es igual a vivir en el gozo de Dios, cuando su gozo es tu fuerza tú puedes con más facilidad verle el lado positivo a todo lo que pase. Y aunque tengas luchas y adversidades sabrás sonreírle a tus días.

En medio de la seriedad de crecer, convertirnos en adultos, asumir responsabilidades y hacerle frente a lo duro de la vida, sin darnos cuenta desaparece el niño que llevamos dentro y cada vez sonreímos menos. Nos convertimos en adultos "serios" en continuo estrés y nos perdernos en muchos momentos de disfrutar este viaje del ministerio de niños.

Cuando la diversión va por dentro se nos nota, la gente lo percibe y nos rodea. La Biblia dice que los niños venían a Jesús, sin duda Jesús era divertido, ¡de otra manera los niños no se le hubieran acercado nunca!

En este viaje debemos desarrollar el corazón de Jesús, disfrutando del viaje aunque el camino a veces se ponga difícil.

Identificar cuándo es un momento del viaje muy tenso y buscar sonreír impedirá que el recorrido se convierta en una pesada carga difícil de llevar.

Comparativamente los niños se ríen cuatrocientas veces al día y el adulto más alegre no supera las cien veces al día. La mayoría de los adultos sonríe solo entre veinte o treinta veces al día (dato tomado de Google-familia-te-interesa.com).

Si nos tomamos todo tan enserio nos pondremos y le pondremos cargas a las personas que serán difíciles de llevar y el viaje se convertirá en algo aburrido, y aunque el sol brille solo veremos nubes grises.

El ministerio de niños es en muchos momentos abrumador, no siempre se cuenta con los recursos suficientes, a veces las instalaciones no son las adecuadas, para muchos el desafió es no tener gente suficiente que permanezca y responda al llamado con los niños, a veces no hay entendimiento de la obra en los niños y somos visto como una guardería o centro de entretenimientos, pero en medio de los desafíos no podemos permitir que el viaje se convierta en una frustración o pesada carga que nos aplaste.

Por eso te recomendamos cinco puntos valiosos para no tomarte el viaje tan enserio:

1. Busca llenarte del gozo que Dios quiere darte cada día. Solo Él es la fuente del verdadero gozo y paz que van más allá de nuestro entendimiento.

2. No cargues las frustraciones contigo, déjalas en la cruz, entrégaselas al Señor. Viaja liviano, porque la atmósfera que tu lleves será la atmosfera de tu equipo.

3. Ten mentores que te escuchen y ayuden en los tiempos difíciles, no camines solo en el viaje, es clave rodearte de gente de sabiduría que te ayude a sostener tus brazos en alto (¡y a veces te hagan cosquillas!).

4. Viaja con gente positiva y haz amigos. Esta gente es de peso liviano no te añadirá carga sino que te ayudará a disfrutar el viaje.

5. Con el transcurso de los años que estás en el ministerio de niños fíjate que haya cada vez más amistad entre los que trabajan en él. Un ministerio que ayuda a que seamos más amigos en el tiempo va en la dirección correcta en su proceso de crecimiento espiritual. Un ministerio cuyos líderes eran más amigos antes cuando iniciaron que hoy que ha transcurrido el tiempo va en la dirección incorrecta.

6. Sal a respirar, a veces estar muy sumergidos en el viaje nos roba el oxígeno y debemos parar y hacer algo diferente. Toma vacaciones y desconéctate, refresca tu mente.

RECURSOS ADICIONALES EN WWW.EG25.COM/LECCIONES

16

CAPÍTULO

CONTINÚA
EL VIAJE

La motivación que Jesús les daba a sus discípulos siempre era ir hacia adelante, hacia más y hacia la eternidad.

"Ustedes dicen: "Todavía faltan cuatro meses para la cosecha", pero yo les digo: ¡Fíjense bien en los campos sembrados! La cosecha ya está madura".
Juan 4:35

UNA VEZ QUE COMPLETAMOS UN VIAJE, CELEBREMOS, DESCANSEMOS Y MIREMOS PARA ADELANTE PORQUE HABRÁ MÁS CAMPOS PARA COSECHAR.

Esa mañana les hizo ver a los campos, los cuales ya se encontraban blancos. Ya estaban listos para la cosecha. Es decir, en el Reino, la temporada de cosecha no cesa, es constante. Los campos blancos siempre deben ser cosechados. Una vez completamos un viaje, celebremos, descansemos y miremos para adelante porque habrá más campos para cosechar.

Después que Jesús enviara a los setenta de dos en dos, ellos regresaron sorprendidos y celebrando porque los demonios se sujetaban cuando ellos declaraban el nombre de Jesús, sin embargo, el Señor les redirigió su enfoque en lo que está adelante más que en el éxito del momento. Les dirigió a ver a lo eterno, a lo que viene.

La misión que Dios nos ha dado sigue vigente y activa y es una estación que nunca se detiene. Una vez terminemos un evento, un proyecto, un logro, tendremos un nivel de fe superior que nos espera, y creemos que cada nivel de fe nuevo es más glorioso y poderoso. Trabajando con niños hemos comprobado lo que quedó escrito en Proverbios 4:18:

"La senda de los justos se parece a los primeros rayos de luz del amanecer, que brillan cada vez más hasta que es pleno día".

La vida de los niños es como esos primeros rayos de luz al amanecer. Ellos nos recuerdan que la noche oscura se va y que hay esperanza en un nuevo día. Al servir a los niños va a ver cómo Dios guía esa luz para que cada vez sea más grande y más poderosa. Cuando le estés dando clase a un niño piensa en la familia que de él saldrá, el plan poderoso en Dios que él va a cumplir y la fidelidad de Dios detrás permitiéndote preparar una vida para una gloria futura mayor. ¡Siempre hay más por delante para conquistar!

Ahora que ya has llegado a un destino, ahora que has triunfado y has comprobado con tu equipo el sabor del éxito y el gozo al terminar una ruta, es el tiempo de empezar a preparar para el siguiente viaje.

CADA DESTINO ALCANZADO NOS DA EXPERIENCIA Y NOS DA LA NOCIÓN DE LAS COSAS QUE PODEMOS MEJORAR PARA LOS FUTUROS VIAJES.

El libro "Desarrolle el líder que está en usted" fue escrito por John Maxwell en 1993. Y después de 25 años, en el 2018 lo revisó y cambió un 80% del libro. Cuando le preguntaron por qué, él respondió que después de experimentar el liderazgo y de hacer muchos viajes, las lecciones aprendidas en cada ruta, han afirmado principios y afinado otros para saber cómo liderar mejor.

Cada destino alcanzado nos da experiencia y no da la noción de las cosas que podemos mejorar para los futuros viajes. Piensa ahora en el apóstol Pablo cuando, desde la prisión, llega a la siguiente conclusión y se la comparte a la iglesia en Filipos:

"Hermanos, no pienso que yo ya lo haya alcanzado. Más bien, sigo adelante trabajando, me olvido de lo que quedó atrás y me esfuerzo por alcanzar lo que está adelante". Filipenses 3:13

Esfuérzate por alcanzar lo que está adelante. Este viaje ministerial se hace en un autobús que tiene un gran vidrio panorámico en frente y un pequeño espejo retrovisor a tu lado. El vidrio panorámico en todo vehículo es más grande que el espejo retrovisor. Con el panorámico ves lo que viene por delante en el camino; ves el panorama y pones tus ojos en lo que sigue. El espejo retrovisor está ahí como ayuda de protección; te permite ver lo que queda detrás en el camino.

No dejamos de ver lo que queda atrás; pero lo pasado no es más grande que lo que está por delante. Por eso el tamaño de tu espejo retrovisor no es tan grande. No mires las frustraciones del pasado y los errores que quedaron atrás como si fueran el gran panorama en tu vida. Haciendo ministerio te puedes equivocar; pero esfuérzate más bien por alcanzar lo que está adelante. Si el pensamiento de haberte equivocado o incluso fracasado llega a tu mente, piensa en el apóstol Pablo desde la cárcel. Aparentemente fracasó, pero desde allí él no se cansó de ver el panorama que tenía por delante y animó a toda la iglesia en Filipos a continuar la carrera; y te mueve a ti y a mí a no darnos por vencidos.

PASANDO EL LEGADO

Construir iglesia tiene algo muy poderoso detrás; nuestro trabajo terminará el día en que Jesús regrese por nosotros. Generaciones se levantan y generaciones pasan, pero la iglesia del Señor permanece a través del tiempo. Es increíble ver cómo Dios ha guardado a su pueblo a lo largo de la historia y, aun en medio de las más férreas persecuciones, la iglesia continúa y trasciende. En ese sentido, llegó el momento de redimensionar el ministerio de niños; como ya dijimos, no somos una guardería o un lugar para distraerlos mientras en la iglesia se predica a los adultos. Somos responsables de transmitir un legado generacional.

Cuando un padre muere, deja una herencia a los hijos. La herencia es la entrega de los bienes que ese padre logró acumular para que ahora los herederos (los hijos, se esperaría) sean los nuevos dueños de esos bienes. Hay algo mucho más poderoso que transmitir una herencia: se trata de transmitir un legado. Un legado es la entrega a los herederos no solo de los bienes sino del por qué y del para qué de cada cosa que se está entregando. Más allá de recibir como herencia la fábrica de la Coca-Cola, se trata de entregar la fórmula secreta para hacer Coca-Cola.

¿En qué consiste la herencia que nuestra generación está llamada a dejar a la siguiente? En los bienes más preciados que tenemos: la Gran Comisión (Mateo 28), la presencia de Dios, el mensaje de la Cruz, el fundamento de una fe inquebrantable y poderosa, el poder en el nombre de Jesús, la autoridad de la iglesia sobre la tierra, las buenas nuevas de la salvación por gracia y el perdón de pecados entre muchas otras verdades poderosas.

De nada sirve atesorar estos bienes si la siguiente generación no recibe el legado que cada uno de ellos representa. Es decir, el por qué y el para qué anunciamos la Gran Comisión y hacemos discípulos, buscamos permanentemente la presencia de Dios en nuestras casas y en nuestras iglesias, predicamos el mensaje de la Cruz, vivimos por fe, anunciamos el nombre de Jesús como el único nombre de poder sobre la tierra, no nos cansamos de hacer iglesia y anunciamos sin parar el mensaje de la gracia para el perdón de pecados.

El evangelista y autor Josh McDowell, escribió un libro que nos marcó profundamente. Se titula "La última generación de Cristianos". En ese libro él describe claramente cómo, si la iglesia del presente no corrige su rumbo frente a la formación de la nueva generación, estaremos literalmente a unos pocos años de ver la desaparición de la iglesia sobre la tierra. Más que una frase dramática o sensacionalista, lo que él explica en el libro se fundamenta en el poco crecimiento espiritual de la juventud de este tiempo.

Todo se centra en la mezcla de varios elementos muy nocivos. Hoy, los jóvenes son rodeados por la mentalidad posmoderna; no hay una sola verdad definitiva sino que todo es relativo. Así, si para alguien el ateísmo funciona y esa es su verdad particular; pues, no pasa nada. Esa es la verdad para esa persona y debemos aceptar su verdad. El cristianismo por el contrario está basado en una gran verdad fundamental que no depende de lo que cada persona escoja creer (no depende de la persona; no es relativo). Sencilla y claramente, Jesús es la verdad (Juan 14:6) "Jesús le contestó: Yo soy el camino, la verdad y la vida. Nadie puede llegar al Padre si no es por mí".

Aquí reside el dilema entre la herencia y el legado; y sorprendentemente mucho de la crisis de los jóvenes abandonando el cristianismo actualmente tiene que ver con las pocas bases que se colocaron en su fe desde niños. La iglesia de niños que construimos no puede simplemente contarles las historias bíblicas de la vida de Jesús y hacerles memorizar Juan 14:6. Vamos por el legado: enseñémosles cómo en medio de un mundo que no cree en Jesús, nosotros insistimos en él como nuestra gran y única verdad, para que cuando sean retados por tantas nuevas ideas, ellos puedan decir claramente: la verdad es Jesús.

Trabajemos de la mano con las familias para inspirarlas con nuestro trabajo a ir más lejos y más claro en la formación de cada niño. Las decisiones de los jóvenes se inician en la niñez. Es el ministerio de niños el que prepara espiritualmente a cada niño y apoya a la familia para lograr tener más y mejores armas en la definición de la fe de ellos. Una frase muy sabia de Albert Einstein dice: "Locura es hacer lo mismo una y otra vez, esperando obtener resultados diferentes". Nosotros no somos de los que vamos a quedarnos quietos ante este panorama. ¡Queremos ver un cambio y por eso vamos a hacer transformaciones importantes en la forma como entendemos el ministerio de niños y en lo que les vamos a ofrecer ya que ellos son los dueños del Reino! Vamos a hacer mucho y vamos a ir más allá. La fe de los jóvenes se construye desde la niñez.

Construir la fe desde la niñez significa que tienes que saber poner muy bien las bases doctrinales en sus corazones. Esa es la gran responsabilidad que tenemos detrás. Muchas personas nos preguntan si nosotros hacemos campamentos de niños, retiros de niños, si tenemos la iglesia de niños abierta durante toda reunión en la iglesia, si hacemos brigadas espirituales en parques, o salidas evangelísticas en los parques. Bien; el secreto es este: No se trata de hacer eventos para niños; se trata de tener encuentros con ellos para poner fundamentos firmes en su fe.

Cada iglesia debe decidir el tipo de actividades que quiere y puede tener con niños; sólo que cada persona que lidere cualquiera de estas actividades no puede olvidar que los eventos son sólo una forma; un medio para ir a lo esencial: poner la verdad de la palabra de Dios en ellos.

No reúnas niños en tu iglesia simplemente por reunirlos. Convoca a los niños siempre para la misión de transferir la verdad de Dios en sus corazones. Necesitamos entender que no podemos perder el tiempo entreteniendo niños; nosotros fuimos llamados no para entretener sino para alistar la iglesia del Señor; y como ya lo tienes muy claro, los niños son la poderosa iglesia del Señor de hoy.

Una vez tienes clara la verdad bíblica que vas a compartir con ellos en la reunión a la que los vas a convocar, ahora sí encárgate de hacer de esa reunión, evento, momento, campaña, o sea lo que hayas planeado, la experiencia más divertida e inolvidable para ellos.

De niño recuerdo perfectamente las tardes de sábado (habla Henry). Yo tenía alrededor de 7 años de edad y recuerdo muy bien que los sábados a las tres de la tarde, en el barrio donde yo vivía, llegaba un grupo de jóvenes, cada uno muy especial y admirable para mí, que preparaban títeres, canciones, nos repartían unas hojas muy coloridas para que hiciéramos una actividad con ellas, nos hablaban de la Biblia y nos guiaban a orar, cantar y pasarla muy bien con ellos. Esos momentos tenían la habilidad de sacarme de la rutina de pasar la tarde de sábado viendo televisión, y me sacaban al parque a un gran momento.

Ellos no me distraían como lo hacía la televisión. Ellos me discipulaban. Hoy, uno de esos jóvenes que lideraba la actividad es el pastor de nuestra iglesia en nuestro campus en Estados Unidos. Lo honro eternamente por haber dado sus tardes de sábado para discipularme. Lo importante no era la actividad en sí; lo importante fue la verdad de Dios que sembraron cada sábado fielmente en mi corazón.

Un día, este pastor del cual te estoy hablando vino desde Estados Unidos y visitó nuestra iglesia de niños en Bogotá. No olvidaré jamás sus palabras. El participó de un servicio de niños y al final, con lágrimas en sus ojos me dijo: "Henry, no te canses de preparar la generación que posiblemente verá el arrebatamiento del Señor". ¿Cómo cansarme cuando el que me dice esas palabras no se cansó de ir fielmente cada sábado a sembrar la palabra de Dios en los niños de mi barrio?

No le pongas fin a este viaje. Lo primero que le decimos a las personas que quieren servir en nuestro ministerio de niños es que esta decisión de servir con niños es "para toda la vida"; claro, hasta que Jesús diga. Tenemos toda la vida para hacer que la siguiente generación sea más poderosa que la nuestra.

Uno de los momentos más impactantes que he vivido como pastor fue el día que oficié el matrimonio de uno de los primeros discípulos que tuve en escuela dominical. Le vi llegar a la iglesia a los 6 años de edad, y le di clases junto con mi esposa (en ese momento era mi novia) en la cocina de una casa (allí nos reuníamos como iglesia y la cocina era el único lugar que había disponible). El tiempo pasó y él nunca se apartó del evangelio. Hoy, él y su esposa sirven en nuestra iglesia infantil como profesores, y son de los buenos profesores que tenemos. Justo hace dos semanas nació su primera hija. En dos años esta pequeña entrará por las puertas de nuestra iglesia a recibir su clase bíblica y claro que sí: ¡me pido estar ahí para recibirla!

Alguna vez Dios nos permitió visitar una iglesia hermosa en Dallas Texas. Visitamos la zona de niños y como buenos colombianos no podíamos creer en toda esa belleza, cantidad de recursos, paredes decoradas con las más hermosas ilustraciones de pasajes bíblicos; todo era increíble. Sin embargo, hubo algo que resaltó más allá de la planta física del lugar. En un pasillo había una pintura del retrato de la fundadora del ministerio de niños en esa iglesia. Era una señora de edad avanzada, de cabellos grises con una sonrisa que revelaba el gozo de su corazón. Pregunté inmediatamente por ella, e hice la pregunta más imprudente que pude: "Bueno, y ¿hasta qué edad sirvió con niños"? La respuesta que me dieron me marcó para siempre. ¨Hasta el día en que fue llamada por el Señor a su presencia".

"Servir con niños es para toda la vida". Con mi esposa, hemos hecho la firme decisión delante de Dios que mientras él no disponga otra cosa, envejeceremos todos los fines de semana del año en la iglesia de niños.

¿Hasta cuándo viajaremos en este ministerio? Hasta que el Señor nos lleve a su presencia. Esa es nuestra oración. Los niños no merecen pastores que hoy los cuidan y mañana se olvidan de ellos. Una de las declaraciones de fidelidad más hermosas que puedes encontrar en la Biblia acerca del carácter de Dios la encontramos en Isaías 49:14-15:

"*Pero ellos dicen: 'Mi Señor nos ha abandonado, nos ha olvidado'. ¡Jamás! ¿Podrá la madre olvidar a su criaturita y no amar a su propio hijo? Pues aunque eso fuera posible, yo no los olvidaré.*

> LOS BACHES DEL CAMINO <

VIAJE A CUBULCO

Nunca olvidaré nuestro primer viaje misionero (habla Luis). Como al mes de recién mudados a la Ciudad de Guatemala fuimos comisionados, mi esposa, un misionero de Estados Unidos y yo, a enseñar a un grupo de niños en Cubulco, un pueblo al norte del país. La persona de la invitación fue muy enfática y elocuente al decir que era un viaje tranquilo y corto, de máximo tres horas. Ministraríamos allí viernes, sábado y domingo, así que comenzamos el viaje.

LOS NIÑOS SON UNA AUDIENCIA QUE SIEMPRE TE ESCUCHARÁ CON DESEOS DE APRENDER Y DE PONER EN PRÁCTICA LO QUE LES DIGAS.

En primer lugar, al llegar a la estación de autobús nos dimos cuenta que la camioneta era una "Canastera" (término guatemalteco para denominar a un autobús que transporta, varias personas por encima de su capacidad sugerida, a velocidades altas y no tan prudentes). Así que subimos y el primer tramo del viaje fue normal sin embargo, poco a poco empezó a subir más gente y más gente. Luego gente con carga, literalmente gente con gallinas y cargas poco comunes y todos íbamos en ese autobús sin poder abrir las ventanas por el polvo. Luego llegamos a un tramo del viaje en el que íbamos al borde de un precipicio, desde la ventana podías ver el vacío y para este momento ya habían transcurrido tres horas y ni miras de llegar. No puedo negar que estábamos un poco de cansados e impacientes en este viaje. Finalmente, después de cinco horas, llegamos al famoso Cubulco.

Recuerdo muy bien la manera en que las personas nos recibieron, ¡sin mencionar la actitud de los niños! Tuvimos tres días muy especiales, llenos de actividades y los niños recibieron la Palabra como una esponja absorbiendo agua. Esa es una riqueza en este ministerio: los niños son una audiencia que siempre te escuchará con deseos de aprender y de poner en práctica lo que les digas.

Al ver eso, olvidamos lo difícil del camino, no importó lo incómodo, lo largo y cansado; cuando los niños son acercados al conocimiento de Cristo, vale la pena cualquier camino que se tenga que recorrer.

Ten ánimo cuando enfrentes dificultades; algunas veces serán por falta de presupuesto, otras veces por desgaste físico o por problemas familiares, etc. Que no te detengan en el viaje de llevar a los niños a Cristo.

«Pues nuestros pequeños y pasajeros sufrimientos producen una gloria eterna más grande y abundante.» 2 Corintios 4:17

Preguntas:

1. ¿Alguna vez has experimentado algo en el ministerio que te ha desanimado? Tal vez el camino ha sido muy difícil para ti. ¿Qué es lo que te desanima del viaje?

2. Piensa por un momento. ¿Habrá alguien en tu equipo que esté considerando retirarse debido a las dificultades del camino?

3. Toma acción… ora por dirección del Espíritu, luego encuentra un momento y un lugar oportuno para leer algún pasaje de la Palabra. Dale ánimo, una oración y afírmalo con tus palabras cada vez que lo veas sirviendo. Las dificultades del viaje no nos deben detener de llevar a los niños a Cristo

RECURSOS ADICIONALES EN WWW.E625.COM/LECCIONES

PALABRAS FINALES<

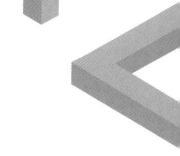

Deseamos de todo corazón que haya valido la pena cada momento que invertiste en leer este libro.

Nosotros lo escribimos con mucha pasión y trabajo y un deseo firme de ayudarte. Sabemos que el viaje sigue y todavía hay mucho por explorar y por eso consideramos estas paginas tan solo como un puntapié para darte un envión en la dirección que sabes que Dios quiere que vayas.

Tu deseo de servir a las nuevas generaciones es un gran depósito que sólo Dios mismo pudo sembrar en tu corazón. El tiempo de hacer reuniones con niños por inercia y sin sentido y hasta sin propósito, debe quedar atrás porque este es un momento crucial para construir la poderosa y gloriosa Iglesia del Señor.

Si pensabas que el viaje tiene fin o que llegaste a la meta, olvídalo. Hay mucho más adelante. Aunque creas que aún te faltan muchas cosas, ya tienes una poderosa herencia y es la guía del Espíritu Santo, la palabra de Dios, talentos que Él te ha dado y personas que necesitan de tu esfuerzo y dedicación.

Hay un viaje poderoso y sin paradas llamado el ministerio de niños que necesita personas entregadas como tú. Héroes de la fe que no necesitan aplausos para actuar y que pueden hacer lo que es correcto aunque nadie los esté mirando.

De nuestro lado, después de muchos años entregados a Dios en el servicio, te podemos decir convencidos que *Dios no olvida tu trabajo y que Él termina su obra (Filipenses 1:6)*. Nuestra responsabilidad es seguir construyendo los mejores ministerios de niños que podamos construir, primero para Él y también para los niños y sus familias que por su gracia Él ponga en nuestras manos.

¡CONTINÚA EL VIAJE!

BIBLIOGRAFÍA COMPLEMENTARIA

Larry Fowler. *Rock- Solid Children's Ministry*
(Ministerio de niños fuerte como una roca). Bethany House. 2012

Pat Cimo & Matt Markins. *Leading KidMin*
(Liderando el ministerio de niños). Moody Publishers. 2016

Willy Gómez. *Los 7 secretos que todo líder de niños debe saber*. E625. 2017

Lucas Leys. *Liderazgo Generacional*. E625. 2017

John C. Maxwell. *El Viaje del Éxito: El Proceso de Vivir sus Sueños*
Editorial Norma S.A. Colombia. 2007

Sean Covey. *Los 7 Hábitos de los Adolescentes Altamente Efectivos*
Vintage Español. 2013

Mariela Cuda. Neurociencias, didáctica y pedagogía. Bonum. 2018

Carlos Cuauhtémoc Sánchez. *Dirigentes del Mundo Futuro*.
Ediciones Selectas Diamante. 2000

Josh McDowell, David H. Bellis, *La Última Generación de Cristianos*.
Editorial Mundo Hispano, El Paso, Texas. 2007

ALGUNAS PREGUNTAS QUE DEBES RESPONDER:

¿QUIÉN ESTÁ DETRÁS DE ESTE LIBRO?

Especialidades 625 es un equipo de pastores y siervos de distintos países, distintas denominaciones, distintos tamaños y estilos de iglesia que amamos a Cristo y a las nuevas generaciones.

e625.com

¿DE QUÉ SE TRATA E625.COM?

Nuestra pasión es ayudar a las familias y a las iglesias en Iberoamérica a encontrar buenos materiales y recursos para el discipulado de las nuevas generaciones y por eso nuestra página web sirve a padres, pastores, maestros y líderes en general los 365 días del año a través de **www.e625.com** con recursos gratis.

zona de contenido
PREMIUM

¿QUÉ ES EL SERVICIO PREMIUM?

Además de reflexiones y materiales cortos gratis, tenemos un servicio de lecciones, series, investigaciones, libros online y recursos audiovisuales para facilitar tu tarea. Tu iglesia puede acceder con una suscripción mensual a este servicio por congregación que les permite a todos los líderes de una iglesia local, descargar materiales para compartir en equipo y hacer las copias necesarias que encuentren pertinentes para las distintas actividades de la congregación o sus familias.

¿PUEDO EQUIPARME CON USTEDES?

Sería un privilegio ayudarte y con ese objetivo existen nuestros eventos y nuestras posibilidades de educación formal. Visita **www.e625.com/Eventos** para enterarte de nuestros seminarios y convocatorias e ingresa a **www.institutoE625.com** para conocer los cursos online que ofrece el Instituto E 6.25

¿QUIERES ACTUALIZACIÓN CONTINUA?

Regístrate ya mismo a los updates de **e625.com** según sea tu arena de trabajo: Niños- Preadolescentes- Adolescentes- Jóvenes.

¡APRENDAMOS JUNTOS!

e625.com   🅕 🅣 🅞 ▶ /**e625**COM

Sé parte de la mayor COMunidad de educadores cristianos

Sigue en todas tus redes a

 /e625COM

Libros Online

Revista Líder 6.25

Chat en tiempo real

Suscripción de **materiales premium** para iglesias

Tienda con envíos internacionales

Eventos de **actualización** ministerial

Seminarios para iglesias locales

INSTITUTO e625

Educación online **www.institutoe625.com**

e625
te ayuda todo el año

www.e625.com te ofrece
recursos gratis